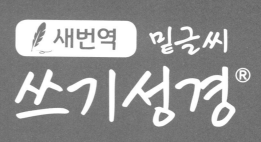

새번역 밑글씨
쓰기성경®

요한복음서

KB192851

필 사 자	
시 작 한 날	년 월 일
마 감 한 날	년 월 일

AGAPE
(주)아가페출판사

 새번역 **밑글씨 쓰기성경® 쓰기표**

| 요 한 복 음 서 (요) | 1 | 2 | 3 | 4 | 5 | 6 | 7 | 8 | 9 | 10 | 11 | 12 | 13 | 14 | 15 | 16 | 17 | 18 | 19 | 20 | 21 | | | | | | |

* 필사하신 부분을 쓰기성경 쓰기표에 색펜이나 형광펜으로 표시하세요.

성경 필사는 말씀을 읽고 듣는 것에 그치지 않고,
온몸으로 성경을 읽는 것입니다.
한 글자 한 글자 꾹꾹 눌러 쓰며 느려진 시간만큼
말씀에 머물고 치유를 경험하세요.
쓰기성경 필사를 통해
건강한 성도의 거룩한 습관이 만들어집니다.

1. 성경은 성령님의 감동으로 이루어진 하나님의 말씀입니다. (딤후 3:16)
   - 성령님을 의지하는 겸손한 믿음으로 시작하십시오.

2. 성경은 주야로 묵상하여야 할 우리 삶의 지침입니다. (시 1:2)
   - 삶이 변화되기를 바라는 간절한 마음이 필요합니다.

3. 성경은 우리를 하나님의 사람으로 온전케 하는 진리입니다. (딤후 3:17)
   - 회개의 기도는 신자들의 호흡입니다.

4. 성경은 일점일획도 변함없이 이루어질 하나님의 약속입니다. (마 5:18)
   - 굳건한 신뢰의 마음으로 써야 합니다.

5. 성경은 사람을 구원에 이르게 하는 지혜의 말씀입니다. (요 20:31; 딤후 3:15)
   - 구원의 기쁨을 노래하는 마음으로 기록합니다.

6. 성경말씀은 성령께서 쓰시는 검(劍)입니다. 영적전투의 공격용 무기입니다. (엡 6:17)
   - 그리스도의 좋은 군사로서, 진리를 위하여 싸우는 담대한 자세가 요청됩니다.

7. 성경말씀의 핵심은 하나님을 사랑하며, 이웃을 사랑하는 것입니다. (마 22:37-40)
   - 사랑을 배우고 행하는 사람으로서의 태도가 필수적입니다.

8. 매일 시간을 정해 놓고 하며, 기도로 시작하여 기도로 끝냅니다.
   - 하루 24시간의 십일조(2.4시간)를 성경 쓰기에 드리면, 일년에 성경 전체를 완필할 수 있습니다.

새번역 밑글씨 쓰기성경® 활용법

절 숫자 수록 ·········· 32

밑글씨를 따라 정성껏 성경말씀을 쓰시면 됩니다.

장 숫자 수록 ·········· 4

은 땅에 속하여서, 땅의 것을 말한다. 하늘에서 오시는 이는 [모든 것 위에 계시고],

32 자기가 본 것과 들은 것을 증언하신다. 그러나 아무도 그의 증언을 받아들이지 않는다

33 그의 증언을 받아들인 사람은, 하나님의 참되심을 인정한 것이다

34 하나님께서 보내신 이는 하나님의 말씀을 전한다 그것은, 하나님께서 그에게 성령을 아낌 없이 주시기 때문이다.

35 아버지는 아들을 사랑하셔서, 모든 것을 아들의 손에 맡기셨다

36 아들을 믿는 사람에게는 영생이 있다 아들에게 순종하지 않는 사람은 생명을 얻지 못하고, 도리어 하나님의 진노를 산다

사마리아 여자와 대화하시다

4 요한보다 예수께서 더 많은 사람을 제자로 삼고 세례를 주신다는 소문이 바리새파 사람들의 귀에 들어간 것을 예수께서 아셨다.

2 — 사실은, 예수께서 직접 세례

를 주신 것이 아니라 그 제자들이 준 것이다 —

3 예수께서는 유대를 떠나, 다시 갈릴리로 가셨다.

4 그렇게 하려면 사마리아를 거쳐서 가실 수밖에 없었다

5 예수께서 사마리아에 있는 수가라는 마을에 이르셨다 이 마을은 야곱이 아들 요셉에게 준 땅에서 가까운 곳이며

6 야곱의 우물이 거기에 있었다 예수께서 길을 가시다가, 피로하셔서 우물가에 앉으셨다 때는 오정쯤이었다.

7 한 사마리아 여자가 물을 길으러 나왔다 예수께서 그 여자에게 마실 물을 좀 달라고 말씀하셨다

8 제자들은 먹을 것을 사러 동네에 들어가서, 그 자리에 없었다

9 사마리아 여자가 예수께 말하였다. "선생님은 유대 사람인데, 어떻게 사마리아 여자인 나에게 물을 달라고 하십니까? (유대 사람은 사마리아 사람과 상종하지 않기 때문이다.)

10 예수께서 그 여자에게 대답하셨다. "네가 하나님의 선물을

이제 나는 너희에게 새 계명을 준다.

서로 사랑하여라.

내가 너희를 사랑한 것 같이,

너희도 서로 사랑하여라.

너희가 서로 사랑하면,

모든 사람이 그것으로써

너희가 내 제자인 줄을 알게 될 것이다.

(요한복음서 13:34-35)

육신이 되신 말씀

1 태초에 '말씀'이 계셨다. 그 '말씀'은 하나님과 함께 계셨다. 그 '말씀'은 하나님이셨다.

2 그는 태초에 하나님과 함께 계셨다.

3 모든 것이 그로 말미암아 창조되었으니, 그가 없이 창조된 것은 하나도 없다. 창조된 것은

4 그에게서 생명을 얻었으니, 그 생명은 사람의 빛이었다.

5 그 빛이 어둠 속에서 비치니, 어둠이 그 빛을 이기지 못하였다.

6 하나님께서 보내신 사람이 있었다. 그 이름은 요한이었다.

7 그 사람은 그 빛을 증언하러 왔으니, 자기를 통하여 모든 사람을 믿게 하려는 것이었다.

8 그 사람은 빛이 아니었다. 그는 그 빛을 증언하러 왔을 따름이다.

9 참 빛이 있었다. 그 빛이 세상에 와서 모든 사람을 비추고 있다.

10 그는 세상에 계셨다. 세상이 그로 말미암아 생겨났는데도, 세상은 그를 알아보지 못하였다.

11 그가 자기 땅에 오셨으나, 그의 백성은 그를 맞아들이지 않았다.

12 그러나 그를 맞아들인 사람들, 곧 그 이름을 믿는 사람들에게는, 하나님의 자녀가 되는 특권을 주셨다.

13 이들은 혈통에서나, 육정에서나, 사람의 뜻에서 나지 아니하고, 하나님에게서 났다.

14 그 말씀은 육신이 되어 우리 가운데 사셨다. 우리는 그의 영광을 보았다. 그것은 아버지께서 주신, 외아들의 영광이었다. 그는 은혜와 진리가 충만하였다.

15 (요한은 그에 대하여 증언하여 외쳤다. "이분이 내가 말씀드린 바로 그분입니다. 내 뒤에 오시는 분이 나보다 앞서신 분이라고 말씀드린 것은, 이분을 두고 말한 것입니다. 그분은 사실 나보다 먼저 계신 분이기 때문입니다.")

16 우리는 모두 그의 충만함에서 선물을 받되, 은혜에 은혜를 더하여 받았다.

17 율법은 모세를 통하여 받았고,

은혜와 진리는 예수 그리스도로 말미암아 생겨났다.

18 일찍이, 하나님을 본 사람은 아무도 없다. 아버지의 품속에 계신 외아들이신 하나님께서 하나님을 알려 주셨다.

세례자 요한의 증언

(마 3:1-12; 막 1:2-8; 눅 3:15-17)

19 유대 사람들이 예루살렘에서 제사장들과 레위 지파 사람들을 [요한에게] 보내어서 "당신은 누구요?" 하고 물어 보게 하였다. 그 때에 요한의 증언은 이러하였다.

20 그는 거절하지 않고 고백하였다. "나는 그리스도가 아니오" 하고 그는 고백하였다.

21 그들이 다시 요한에게 물었다. "그러면, 당신은 누구란 말이오? 엘리야요?" 요한은 "아니오" 하고 대답하였다. "당신은 그 예언자요?" 하고 그들이 물으니, 요한은 "아니오" 하고 대답하였다.

22 그래서 그들이 말하였다. "그러면, 당신은 누구란 말이오? 우리를 보낸 사람들에게 대답할 말을 좀 해주시오. 당신은 자신

을 무엇이라고 말하시오?"

23 요한이 대답하였다. "예언자 이사야가 말한 대로,
나는 '광야에서 외치는 이의 소리'요, '너희는 주님의 길을 곧게 하여라'
하고 말이오."

24 그들은 바리새파 사람들이 보낸 사람들이었다.

25 그들이 또 요한에게 물었다. "당신이 그리스도도 아니고, 엘리야도 아니고, 그 예언자도 아니면, 어찌하여 세례를 주시오?"

26 요한이 대답하였다. "나는 물로 세례를 주오. 그런데 여러분 가운데 여러분이 알지 못하는 이가 한 분 서 계시오.

27 그는 내 뒤에 오시는 분이지만, [나는] 그분의 신발 끈을 풀 만한 자격도 없소."

28 이것은 요한이 세례를 주던 요단 강 건너편 베다니에서 일어난 일이다.

하나님의 어린 양을 보아라

29 다음 날 요한은 예수께서 자기에게 오시는 것을 보고 말하였다. "보시오, 세상 죄를 지고 가

는 하나님의 어린 양입니다.

30 내가 전에 말하기를 '내 뒤에 한 분이 오실 터인데, 그분은 나보다 먼저 계시기에, 나보다 앞서신 분입니다' 한 적이 있습니다. 그것은 이분을 두고 한 말입니다.

31 나도 이분을 알지 못하였습니다. 내가 와서 물로 세례를 주는 것은, 이분을 이스라엘에게 알리려고 하는 것입니다."

32 요한이 또 증언하여 말하였다. "나는 성령이 비둘기같이 하늘에서 내려와서 이분 위에 머무는 것을 보았습니다.

33 나도 이분을 몰랐습니다. 그러나 나를 보내어 물로 세례를 주게 하신 분이 나에게 말씀하시기를 '성령이 어떤 사람 위에 내려와서 머무는 것을 보거든, 그가 바로 성령으로 세례를 주시는 분임을 알아라' 하셨습니다.

34 그런데 나는 그것을 보았습니다. 그래서 나는, 이분이 하나님의 아들이라고 증언하였습니다."

첫 번 제자들

35 다음 날 요한이 다시 자기 제

자 두 사람과 같이 서 있다가,

36 예수께서 지나가시는 것을 보고서, "보아라, 하나님의 어린 양이다" 하고 말하였다.

37 그 두 제자는 요한이 하는 말을 듣고, 예수를 따라갔다.

38 예수께서 돌아서서, 그들이 따라오는 것을 보시고 물으셨다. "너희는 무엇을 찾고 있느냐?" 그들은 "랍비님, 어디에 묵고 계십니까?" 하고 말하였다. ('랍비'는 '선생님'이라는 말이다.)

39 예수께서 그들에게 대답하셨다. "와서 보아라." 그들이 따라가서, 예수께서 묵고 계시는 곳을 보고, 그 날은 그와 함께 지냈다. 때는 오후 네 시쯤이었다.

40 요한의 말을 듣고 예수를 따라간 두 사람 가운데 한 사람은, 시몬 베드로와 형제간인 안드레였다.

41 이 사람은 먼저 자기 형 시몬을 만나서 말하였다. "우리가 메시아를 만났소." ('메시아'는 '그리스도'라는 말이다.)

42 그런 다음에 시몬을 예수께로 데리고 왔다. 예수께서 그를 보시고 말씀하셨다. "너는 요한의

아들 시몬이로구나. 앞으로는 너를 게바라고 부르겠다." ('게바'는 '베드로' 곧 '바위'라는 말이다.)

부르심을 받은 빌립과 나다나엘

43 다음 날 예수께서 갈릴리로 떠나려고 하셨다. 그 때에 빌립을 만나서 말씀하셨다. "나를 따라오너라."

44 빌립은 벳새다 출신으로, 안드레와 베드로와 한 고향 사람이었다.

45 빌립이 나다나엘을 만나서 말하였다. "모세가 율법책에 기록하였고, 또 예언자들이 기록한 그분을 우리가 만났습니다. 그분은 나사렛 출신으로, 요셉의 아들 예수입니다."

46 나다나엘이 그에게 말하였다. "나사렛에서 무슨 선한 것이 나올 수 있겠소?" 빌립이 그에게 말하였다. "와서 보시오."

47 예수께서 나다나엘이 자기에게로 오는 것을 보시고, 그를 두고 말씀하셨다. "보아라, 저 사람이야말로 참으로 이스라엘 사람이다. 그에게는 거짓이 없다."

48 나다나엘이 예수께 물었다. "어떻게 나를 아십니까?" 예수께서 대답하셨다. "빌립이 너를 부르기 전에, 네가 무화과나무 아래에 있는 것을 내가 보았다."

49 나다나엘이 말하였다. "선생님, 선생님은 하나님의 아들이시요, 이스라엘의 왕이십니다."

50 예수께서 그에게 말씀하셨다. "네가 무화과나무 아래 있을 때에 내가 너를 보았다고 해서 믿느냐? 이것보다 더 큰 일을 네가 볼 것이다."

51 예수께서 그에게 또 말씀하셨다. "내가 진정으로 진정으로 너희에게 말한다. 너희는, 하늘이 열리고 하나님의 천사들이 인자 위에 오르락내리락하는 것을 보게 될 것이다."

가나의 혼인 잔치

2 사흘째 되는 날에 갈릴리 가나에 혼인 잔치가 있었다. 예수의 어머니가 거기에 계셨고,

2 예수와 그의 제자들도 그 잔치에 초대를 받았다.

3 그런데 포도주가 떨어지니, 예수의 어머니가 예수에게 말하기를 "포도주가 떨어졌다" 하였

다.

4 예수께서 어머니에게 말씀하셨다. "여자여, 그것이 나와 당신에게 무슨 상관이 있습니까? 아직도 내 때가 오지 않았습니다."

5 그 어머니가 일꾼들에게 이르기를 "무엇이든지, 그가 시키는 대로 하세요" 하였다.

6 그런데 유대 사람의 정결 예법을 따라, 거기에는 돌로 만든 물항아리 여섯이 놓여 있었는데, 그것은 물 두세 동이들이 항아리였다.

7 예수께서 일꾼들에게 말씀하셨다. "이 항아리에 물을 채워라." 그래서 그들은 항아리마다 물을 가득 채웠다.

8 예수께서 그들에게 말씀하시기를 "이제는 떠서, 잔치를 맡은 이에게 가져다 주어라" 하시니, 그들이 그대로 하였다.

9 잔치를 맡은 이는, 포도주로 변한 물을 맛보고, 그것이 어디에서 났는지 알지 못하였으나, 물을 떠온 일꾼들은 알았다. 그래서 잔치를 맡은 이는 신랑을 불러서

10 그에게 말하기를 "누구든지 먼저 좋은 포도주를 내놓고, 손님들이 취한 뒤에 덜 좋은 것을 내놓는데, 그대는 이렇게 좋은 포도주를 지금까지 남겨 두었구려!" 하였다.

11 예수께서 이 첫 번 표징을 갈릴리 가나에서 행하여 자기의 영광을 드러내시니, 그의 제자들이 그를 믿게 되었다.

12 이 일이 있은 뒤에, 예수께서는 그의 어머니와 형제들과 제자들과 함께 가버나움에 내려가셔서, 거기에 며칠 동안 머물러 계셨다.

예수께서 성전을 청결하게 하시다
(마 21:12-13; 막 11:15-17; 눅 19:45-46)

13 유대 사람의 유월절이 가까워져서, 예수께서 예루살렘으로 올라가셨다.

14 그는 성전 뜰에서, 소와 양과 비둘기를 파는 사람들과 돈 바꾸어 주는 사람들이 앉아 있는 것을 보시고,

15 노끈으로 채찍을 만들어 양과 소와 함께 그들을 모두 성전에서 내쫓으시고, 돈 바꾸어 주는 사람들의 돈을 쏟아 버리시고,

16 비둘기 파는 사람들에게는 "이 것을 걷어치워라. 내 아버지의 집을 장사하는 집으로 만들지 말아라" 하고 말씀하셨다.

17 제자들은 '주님의 집을 생각하는 열정이 나를 삼킬 것이다' 하고 기록한 성경 말씀을 기억하였다.

18 유대 사람들이 예수께 물었다. "당신이 이런 일을 하다니, 무슨 표징을 우리에게 보여 주겠소?"

19 예수께서 그들에게 말씀하셨다. "이 성전을 허물어라. 그러면 내가 사흘 만에 다시 세우겠다."

20 그러자 유대 사람들이 말하였다. "이 성전을 짓는 데에 마흔여섯 해나 걸렸는데, 이것을 사흘 만에 세우겠다구요?"

21 그러나 예수께서 성전이라고 하신 것은 자기 몸을 두고 하신 말씀이었다.

22 제자들은, 예수께서 죽은 사람들 가운데서 살아나신 뒤에야, 그가 말씀하신 것을 기억하고서, 성경 말씀과 예수께서 하신 말씀을 믿게 되었다.

예수는 모든 사람을 아시다

23 예수께서 유월절에 예루살렘에 계시는 동안에, 많은 사람이 그가 행하시는 표징을 보고 그 이름을 믿었다.

24 그러나 예수께서는 모든 사람을 알고 계시므로, 그들에게 몸을 맡기지 않으셨다.

25 그는 사람에 대해서는 어느 누구의 증언도 필요하지 않으셨기 때문이다. 그는 사람의 마음 속에 있는 것까지도 알고 계셨던 것이다.

예수와 니고데모

3 바리새파 사람 가운데 니고데모라는 사람이 있었다. 그는 유대 사람의 한 지도자였다.

2 이 사람이 밤에 예수께 와서 말하였다. "랍비님, 우리는, 선생님이 하나님께로부터 오신 분임을 압니다. 하나님께서 함께 하지 않으시면, 선생님께서 행하시는 그런 표징들을, 아무도 행할 수 없습니다."

3 예수께서 그에게 말씀하셨다. "내가 진정으로 진정으로 너에게 말한다. 누구든지 다시 나지

않으면, 하나님 나라를 볼 수 없다."

4 니고데모가 예수께 말하였다. "사람이 늙었는데, 그가 어떻게 태어날 수 있겠습니까? 어머니 뱃속에 다시 들어갔다가 태어날 수야 없지 않습니까?"

5 예수께서 대답하셨다. "내가 진정으로 진정으로 너에게 말한다. 누구든지 물과 성령으로 나지 아니하면, 하나님 나라에 들어갈 수 없다.

6 육에서 난 것은 육이요, 영에서 난 것은 영이다.

7 너희가 다시 태어나야 한다고 내가 말한 것을, 너는 이상히 여기지 말아라.

8 바람은 불고 싶은 대로 분다. 너는 그 소리는 들지만, 어디에서 와서 어디로 가는지는 모른다. 성령으로 태어난 사람은 다 이와 같다."

9 니고데모가 예수께 물었다. "어떻게 이런 일이 있을 수 있습니까?"

10 예수께서 대답하셨다. "너는 이스라엘의 선생이면서, 이런 것도 알지 못하느냐?

11 내가 진정으로 진정으로 너에게 말한다. 우리는, 우리가 아는 것을 말하고, 우리가 본 것을 증언하는데, 너희는 우리의 증언을 받아들이지 않는다.

12 내가 땅의 일을 말하여도 너희가 믿지 않거든, 하물며 하늘의 일을 말하면 어떻게 믿겠느냐?

13 하늘에서 내려온 이 곧 인자 밖에는 하늘로 올라간 이가 없다.

14 모세가 광야에서 뱀을 든 것 같이, 인자도 들려야 한다.

15 그것은 그를 믿는 사람마다 영생을 얻게 하려는 것이다.

16 하나님께서 세상을 이처럼 사랑하셔서 외아들을 주셨으니, 이는 그를 믿는 사람마다 멸망하지 않고 영생을 얻게 하려는 것이다.

17 하나님께서 아들을 세상에 보내신 것은, 세상을 심판하시려는 것이 아니라, 아들을 통하여 세상을 구원하시려는 것이다.

18 아들을 믿는 사람은 심판을 받지 않는다. 그러나 믿지 않는 사람은 이미 심판을 받았다. 그

것은 하나님의 독생자의 이름을 믿지 않았기 때문이다.

19 심판을 받았다고 하는 것은, 빛이 세상에 들어왔지만, 사람들이 자기들의 행위가 악하므로, 빛보다 어둠을 더 좋아하였다는 것을 뜻한다.

20 악한 일을 저지르는 사람은, 누구나 빛을 미워하며, 빛으로 나아오지 않는다. 그것은 자기 행위가 드러날까 보아 두려워하기 때문이다.

21 그러나 진리를 행하는 사람은 빛으로 나아온다. 그것은 자기의 행위가 하나님 안에서 이루어졌음을 드러내려는 것이다."

그는 흥하고 나는 쇠해야 한다

22 그 뒤에 예수께서 제자들과 함께 유대 지방으로 가셔서, 거기서 그들과 함께 지내시면서, 세례를 주셨다.

23 살렘 근처에 있는 애논에는 물이 많아서, 요한도 거기서 세례를 주었다. 사람들이 나와서 세례를 받았다.

24 그 때는 요한이 아직 옥에 갇히기 전이었다.

25 요한의 제자들과 어떤 유대 사

람 사이에 정결예법을 두고 논쟁이 벌어졌다.

26 요한의 제자들이 요한에게 와서 말하였다. "랍비님, 보십시오. 요단 강 건너편에서 선생님과 함께 계시던 분 곧 선생님께서 증언하신 그분이 세례를 주고 있는데, 사람들이 모두 그분에게로 모여듭니다."

27 요한이 대답하였다. "하늘이 주시지 않으면, 사람은 아무것도 받을 수 없다.

28 너희야말로 내가 말한 바 '나는 그리스도가 아니고, 그분보다 앞서서 보내심을 받은 사람이다' 한 말을 증언할 사람들이다.

29 신부를 차지하는 사람은 신랑이다. 신랑의 친구는 신랑이 오는 소리를 들으려고 서 있다가, 신랑의 음성을 들으면 크게 기뻐한다. 나는 이런 기쁨으로 가득 차 있다.

30 그는 흥하여야 하고, 나는 쇠하여야 한다."

하늘로부터 오신 이

31 위에서 오시는 이는 모든 것 위에 계신다. 땅에서 난 사람

은 땅에 속하여서, 땅의 것을 말한다. 하늘에서 오시는 이는 [모든 것 위에 계시고].

32 자기가 본 것과 들은 것을 증언하신다. 그러나 아무도 그의 증언을 받아들이지 않는다.

33 그의 증언을 받아들인 사람은, 하나님의 참되심을 인정한 것이다.

34 하나님께서 보내신 이는 하나님의 말씀을 전한다. 그것은, 하나님께서 그에게 성령을 아낌없이 주시기 때문이다.

35 아버지는 아들을 사랑하셔서, 모든 것을 아들의 손에 맡기셨다.

36 아들을 믿는 사람에게는 영생이 있다. 아들에게 순종하지 않는 사람은 생명을 얻지 못하고, 도리어 하나님의 진노를 산다.

사마리아 여자와 대화하시다

4 요한보다 예수께서 더 많은 사람을 제자로 삼고 세례를 주신다는 소문이 바리새파 사람들의 귀에 들어간 것을 예수께서 아셨다.

2 —사실은, 예수께서 직접 세례를 주신 것이 아니라, 그 제자들이 준 것이다.—

3 예수께서는 유대를 떠나, 다시 갈릴리로 가셨다.

4 그렇게 하려면, 사마리아를 거쳐서 가실 수밖에 없었다.

5 예수께서 사마리아에 있는 수가라는 마을에 이르셨다. 이 마을은 야곱이 아들 요셉에게 준 땅에서 가까운 곳이며,

6 야곱의 우물이 거기에 있었다. 예수께서 길을 가시다가, 피로하셔서 우물가에 앉으셨다. 때는 오정쯤이었다.

7 한 사마리아 여자가 물을 길으러 나왔다. 예수께서 그 여자에게 마실 물을 좀 달라고 말씀하셨다.

8 제자들은 먹을 것을 사러 동네에 들어가서, 그 자리에 없었다.

9 사마리아 여자가 예수께 말하였다. "선생님은 유대 사람인데, 어떻게 사마리아 여자인 나에게 물을 달라고 하십니까?" (유대 사람은 사마리아 사람과 상종하지 않기 때문이다.)

10 예수께서 그 여자에게 대답하셨다. "네가 하나님의 선물을

않고, 또 너에게 물을 달라는 사람이 누구인지를 알았더라면, 도리어 네가 그에게 청하였을 것이고, 그는 너에게 생수를 주었을 것이다."

11 여자가 말하였다. "선생님, 선생님에게는 두레박도 없고, 이 우물은 깊은데, 선생님은 어디에서 생수를 구하신다는 말입니까?

12 선생님이 우리 조상 야곱보다 더 위대하신 분이라는 말입니까? 그는 우리에게 이 우물을 주었고, 그와 그 자녀들과 그 가축까지, 다 이 우물의 물을 마셨습니다."

13 예수께서 말씀하셨다. "이 물을 마시는 사람은 다시 목마를 것이다.

14 그러나 내가 주는 물을 마시는 사람은, 영원히 목마르지 아니할 것이다. 내가 주는 물은, 그 사람 속에서, 영생에 이르게 하는 샘물이 될 것이다."

15 그 여자가 말하였다. "선생님, 그 물을 나에게 주셔서, 내가 목마르지도 않고, 또 물을 길으러 여기까지 나오지도 않게 해

주십시오."

16 예수께서 그 여자에게 말씀하셨다. "가서, 네 남편을 불러 오너라."

17 그 여자가 대답하였다. "나에게는 남편이 없습니다." 예수께서 여자에게 말씀하셨다. "남편이 없다고 한 말이 옳다.

18 너에게는, 남편이 다섯이나 있었고, 지금 같이 살고 있는 남자도 네 남편이 아니니, 바로 말하였다."

19 여자가 말하였다. "선생님, 내가 보니, 선생님은 예언자이십니다.

20 우리 조상은 이 산에서 예배를 드렸는데, 선생님네 사람들은 예배드려야 할 곳이 예루살렘에 있다고 합니다."

21 예수께서 말씀하셨다. "여자여, 내 말을 믿어라. 너희가 아버지께, 이 산에서 예배를 드려야 한다거나, 예루살렘에서 예배를 드려야 한다거나, 하지 않을 때가 올 것이다.

22 너희는 너희가 알지 못하는 것을 예배하고, 우리는 우리가 아는 분을 예배한다. 구원은 유

대 사람들에게서 나기 때문이
다.

23 참되게 예배를 드리는 사람들
이 영과 진리로 아버지께 예배
를 드릴 때가 온다. 지금이 바
로 그 때이다. 아버지께서는 이
렇게 예배를 드리는 사람들을
찾으신다.

24 하나님은 영이시다. 그러므로 하
나님께 예배를 드리는 사람은
영과 진리로 예배를 드려야 한
다."

25 여자가 예수께 말했다. "나는
그리스도라고 하는 메시아가 오
실 것을 압니다. 그가 오시면,
우리에게 모든 것을 알려 주실
것입니다."

26 예수께서 말씀하셨다. "너에게
말하고 있는 내가 그다."

27 이 때에 제자들이 돌아와서, 예
수께서 그 여자와 말씀을 나누
시는 것을 보고 놀랐다. 그러나
예수께 "웬일이십니까?" 하거나,
"어찌하여 이 여자와 말씀을 나
누고 계십니까?" 하고 묻는 사
람이 한 사람도 없었다.

28 그 여자는 물동이를 버려 두고
동네로 들어가서, 사람들에게

말하였다.

29 "내가 한 일을 모두 알아맞히
신 분이 계십니다. 와서 보십시
오. 그분이 그리스도가 아닐까
요?"

30 사람들이 동네에서 나와서, 예
수께로 갔다.

31 그러는 동안에, 제자들이 예수
께, "랍비님, 잡수십시오" 하고
권하였다.

32 그러나 예수께서는 그들에게
말씀하시기를 "나에게는 너희가
알지 못하는 먹을 양식이 있
다" 하셨다.

33 제자들은 "누가 잡수실 것을
가져다 드렸을까?" 하고 서로
말하였다.

34 예수께서 그들에게 말씀하셨
다. "나의 양식은, 나를 보내신
분의 뜻을 행하고, 그분의 일을
이루는 것이다.

35 너희는 넉 달이 지나야 추수
때가 된다고 하지 않느냐? 그
러나 나는 너희에게 말한다. 눈
을 들어서 밭을 보아라. 이미
곡식이 익어서, 거둘 때가 되었
다.

36 추수하는 사람은 품삯을 받으

며, 영생에 이르는 열매를 거두어들인다. 그리하면 씨를 뿌리는 사람과 추수하는 사람이 함께 기뻐할 것이다.

37 그러므로 '한 사람은 심고, 한 사람은 거둔다'는 말이 옳다.

38 나는 너희를 보내서, 너희가 수고하지 않은 것을 거두게 하였다. 수고는 남들이 하였는데, 너희는 그들의 수고의 결심에 참여하게 될 것이다."

39 그 동네에서 많은 사마리아 사람이 예수를 믿게 되었다. 그것은 그 여자가, 자기가 한 일을 예수께서 다 알아맞히셨다고 증언하였기 때문이다.

40 사마리아 사람들이 예수께 와서, 자기들과 함께 머무시기를 청하므로, 예수께서는 이틀 동안 거기에 머무르셨다.

41 그래서 더 많은 사람들이 예수의 말씀을 듣고서, 믿게 되었다.

42 그들은 그 여자에게 말하였다. "우리가 믿는 것은, 이제 당신의 말 때문만은 아니오. 우리가 그 말씀을 직접 들어보고, 이분이 참으로 세상의 구주이심을 알았기 때문이오."

왕의 신하의 아들이 병 고침을 받다
(마 8:5-13; 눅 7:1-10)

43 이틀 뒤에 예수께서는 거기를 떠나서 갈릴리로 가셨다.

44 (예수께서 친히 밝히시기를 "예언자는 자기 고향에서는 존경을 받지 못한다" 하셨다.)

45 예수께서 갈릴리에 도착하시니, 갈릴리 사람들이 예수를 환영하였다. 그들도 명절을 지키러 예루살렘에 갔다가, 예수께서 거기서 하신 모든 일을 보았기 때문이다.

46 예수께서 또다시 갈릴리 가나로 가셨다. 그 곳은 전에 물로 포도주를 만드신 곳이다. 거기에 왕의 신하가 한 사람 있었는데, 그의 아들이 가버나움에서 앓고 있었다.

47 그 사람은, 예수께서 유대에서 나와 갈릴리로 들어오셨다는 소문을 듣고, 예수께 와서 "제발 가버나움으로 내려오셔서, 아들을 고쳐 주십시오" 하고 애원하였다. 아들이 거의 죽게 되었기 때문이다.

48 예수께서 그에게 말씀하셨다. "너희는 표징이나 기이한 일들

을 보지 않고는, 결코 믿으려고 하지 않는다."

49 그 신하가 예수께 간청하였다. "선생님, 내 아이가 죽기 전에 내려와 주십시오."

50 예수께서 말씀하셨다. "돌아가거라. 네 아들이 살 것이다." 그는 예수께서 자기에게 하신 말씀을 믿고 떠나갔다.

51 그가 내려가는 도중에, 종들이 마중나와 그 아이가 살았다고 보고하였다.

52 그가 종들에게 아이가 낫게 된 때를 물어 보니 "어제 오후 한 시에, 열기가 떨어졌습니다" 하고 종들이 대답하였다.

53 아이 아버지는 그 때가, 예수께서 그에게 "네 아들이 살 것이다" 하고 말씀하신, 바로 그 시각인 것을 알았다. 그래서 그와 그의 온 집안이 함께 예수를 믿었다.

54 이것은 예수께서 유대에서 나와서 갈릴리로 돌아오신 뒤에 행하신 두 번째 표징이다.

중풍병자를 고치시다

5 그 뒤에 유대 사람의 명절이 되어서, 예수께서 예루살렘으로 올라가셨다.

2 예루살렘에 있는 '양의 문' 곁에, 히브리 말로 베드자다라는 못이 있는데, 거기에는 주랑이 다섯 있었다.

3 이 주랑 안에는 많은 환자들, 곧 눈먼 사람들과 다리 저는 사람들과 중풍병자들이 누워 있었다. [[그들은 물이 움직이기를 기다리고 있었다.

4 주님의 천사가 때때로 못에 내려와 물을 휘저어 놓는데 물이 움직인 뒤에 맨 먼저 들어가는 사람은 무슨 병에 걸렸든지 나았기 때문이다.]]

5 거기에는 서른여덟 해가 된 병자 한 사람이 있었다.

6 예수께서 누워 있는 그 사람을 보시고, 또 이미 오랜 세월을 그렇게 보내고 있는 것을 아시고는 물으셨다. "낫고 싶으냐?"

7 그 병자가 대답하였다. "주님, 물이 움직일 때에, 나를 들어서 못에다가 넣어주는 사람이 없습니다. 내가 가는 동안에, 남들이 나보다 먼저 못에 들어갑니다."

8 예수께서 그에게 말씀하셨다.

"일어나서 네 자리를 걷어 가지고 걸어가거라."

9 그 사람은 곧 나아서, 자리를 걷어 가지고 걸어갔다. 그 날은 안식일이었다.

10 그래서 유대 사람들은 병이 나은 사람에게 말하였다. "오늘은 안식일이니, 자리를 들고 가는 것은 옳지 않소."

11 그 사람이 대답하였다. "나를 낫게 해주신 분이 나더러, '네 자리를 걷어 가지고 걸어가거라' 하셨소."

12 유대 사람들이 물었다. "그대에게 자리를 걷어 가지고 걸어가라고 말한 사람이 누구요?"

13 그런데 병 나은 사람은, 자기를 고쳐 주신 분이 누구인지를 알지 못하였다. 거기에는 사람들이 많이 붐비었고, 예수께서는 그 곳을 빠져나가셨기 때문이다.

14 그 뒤에 예수께서 성전에서 그 사람을 만나서 말씀하셨다. "보아라. 네가 말끔히 나았다. 다시는 죄를 짓지 말아라. 그리하여 더 나쁜 일이 너에게 생기지 않도록 하여라."

15 그 사람은 가서, 자기를 낫게 하여 주신 분이 예수라고 유대 사람들에게 말하였다.

16 그 일로 유대 사람들은, 예수께서 안식일에 그러한 일을 하신다고 해서, 그를 박해하였다.

17 그러나 [예수]께서는 그들에게 말씀하셨다. "내 아버지께서 이제까지 일하고 계시니, 나도 일한다."

18 유대 사람들은 이 말씀 때문에 더욱더 예수를 죽이려고 하였다. 그것은, 예수께서 안식일을 범하셨을 뿐만 아니라, 하나님을 자기 아버지라고 불러서, 자기를 하나님과 동등한 위치에 놓으셨기 때문이다.

아들의 권위

19 예수께서 그들에게 말씀하셨다. "내가 진정으로 진정으로 너희에게 말한다. 아들은 아버지께서 하시는 것을 보는 대로 따라 할 뿐이요, 아무것도 마음대로 할 수 없다. 아버지께서 하시는 일은 무엇이든지, 아들도 그대로 한다.

20 아버지께서는 아들을 사랑하셔서, 하시는 일을 모두 아들에게

보여 주시기 때문이다. 또한 이
보다 더 큰 일들을 아들에게
보여 주셔서, 너희를 놀라게 하
실 것이다.

21 아버지께서 죽은 사람들을 일
으켜 살리시니, 아들도 자기가
원하는 사람들을 살린다.

22 아버지께서는 아무도 심판하지
않으시고, 심판하는 일을 모두
아들에게 맡기셨다.

23 그것은, 모든 사람이 아버지를
공경하듯이, 아들도 공경하게
하려는 것이다. 아들을 공경하
지 않는 사람은, 아들을 보내신
아버지도 공경하지 않는다.

24 내가 진정으로 진정으로 너희에
게 말한다. 내 말을 듣고 또 나
를 보내신 분을 믿는 사람은,
영원한 생명을 가지고 있고 심
판을 받지 않는다. 그는 죽음에
서 생명으로 옮겨갔다.

25 내가 진정으로 진정으로 너희에
게 말한다. 죽은 사람들이 하나
님의 아들의 음성을 들을 때가
오는데, 지금이 바로 그 때이다.
그리고 그 음성을 듣는 사람들
은 살 것이다.

26 그것은, 아버지께서 자기 속에

생명을 가지고 계신 것 같이
아들에게도 생명을 주셔서, 그
속에 생명을 가지게 하여 주셨
기 때문이다.

27 또, 아버지께서는 아들에게 심
판하는 권한을 주셨다. 그것은
아들이 인자이기 때문이다.

28 이 말에 놀라지 말아라. 무덤
속에 있는 사람들이 다 그의 음
성을 들을 때가 온다.

29 선한 일을 한 사람들은 부활하
여 생명을 얻고, 악한 일을 한
사람들은 부활하여 심판을 받
는다."

30 "나는 아무것도 내 마음대로 할
수 없다. 나는 아버지께서 하라
고 하시는 대로 심판한다. 내
심판은 옳바르다. 그것은 내가
내 뜻대로 하려 하지 않고, 나
를 보내신 분의 뜻대로 하려
하기 때문이다."

예수에 대한 증언

31 "내가 내 자신을 위하여 증언
한다면, 내 증언은 참되지 못
하다.

32 나를 위하여 증언하여 주시는
분은 따로 있다. 나를 위하여
증언하시는 그 증언이 참되다

는 것을 나는 안다.

33 너희가 요한에게 사람을 보냈을 때에 그는 이 진리를 증언하였다.

34 내가 이 말을 하는 것은, 내가 사람의 증언이 필요해서가 아니다. 그것은 다만 너희로 하여금 구원을 얻게 하려는 것이다.

35 요한은 타오르면서 빛을 내는 등불이었다. 너희는 잠시 동안 그의 빛 속에서 즐거워하려 하였다.

36 그러나 나에게는 요한의 증언보다 더 큰 증언이 있다. 아버지께서 나에게 완성하라고 주신 일들, 곧 내가 지금 하고 있는 바로 그 일들이, 아버지께서 나를 보내셨다는 것을 증언하여 준다.

37 또 나를 보내신 아버지께서 친히 나를 위하여 증언하여 주셨다. 너희는 그 음성을 들은 일도 없고, 그 모습을 본 일도 없다.

38 또 그 말씀이 너희 속에 머물러 있지도 않다. 그것은 너희가 그분이 보내신 이를 믿지 않기 때문이다.

39 너희가 성경을 연구하는 것은,

영원한 생명이 그 안에 있다고 생각하기 때문이다. 성경은 나에 대하여 증언하고 있다.

40 그런데 너희는 생명을 얻으러 나에게 오려고 하지 않는다.

41 나는 사람에게서 영광을 받지 않는다.

42 너희에게 하나님을 사랑하는 마음이 없는 것도, 나는 알고 있다.

43 내가 내 아버지의 이름으로 왔는데, 너희는 나를 영접하지 않는다. 그러나 다른 이가 자기 이름으로 오면 너희는 그를 영접할 것이다.

44 너희는 서로 영광을 주고받으면서 오직 한 분이신 하나님께서 주시는 영광은 구하지 않으니, 어떻게 믿을 수 있겠느냐?

45 내가 너희를 아버지께 고발하리라고는 생각하지 말아라. 너희를 고발하는 이는 너희가 희망을 걸어온 모세이다.

46 너희가 모세를 믿었더라면 나를 믿었을 것이다. 모세가 나를 두고 썼기 때문이다.

47 그러나 너희가 모세의 글을 믿지 않으니, 어떻게 내 말을 믿

겠느냐?"

오천 명을 먹이시다

(마 14:13-21; 막 6:30-44; 눅 9:10-17)

6 그 뒤에 예수께서 갈릴리 바다 곧 디베랴 바다 건너편으로 가시니

2 큰 무리가 예수를 따라갔다. 그 것은, 그들이 예수가 병자들을 고치신 표징들을 보았기 때문이다.

3 예수께서 산에 올라가서, 제자들과 함께 앉으셨다.

4 마침 유대 사람의 명절인 유월절이 가까운 때였다.

5 예수께서 눈을 들어서, 큰 무리가 자기에게로 모여드는 것을 보시고, 빌립에게 말씀하셨다. "우리가 어디에서 빵을 사다가, 이 사람들을 먹이겠느냐?"

6 예수께서는 빌립을 시험해 보시고자 이렇게 말씀하신 것이었다. 예수께서는 자기가 하실 일을 잘 알고 계셨던 것이다.

7 빌립이 예수께 이렇게 대답하였다. "이 사람들에게 모두 조금씩이라도 먹게 하려면, 빵이 이백 데나리온어치를 가지고서도 충분하지 못합니다."

8 제자 가운데 하나이며 시몬 베드로와 형제간인 안드레가 예수께 말하였다.

9 "여기에 보리빵 다섯 개와 물고기 두 마리를 가지고 있는 한 아이가 있습니다. 그러나 이렇게 많은 사람에게 그것이 무슨 소용이 있겠습니까?"

10 예수께서는 "사람들을 앉게 하여라" 하고 말씀하셨다. 그 곳에는 풀이 많았다. 그래서 그들이 앉았는데, 남자의 수가 오천 명쯤 되었다.

11 예수께서 빵을 들어서 감사를 드리신 다음에, 앉은 사람들에게 나누어 주시고, 물고기도 그와 같이 해서, 그들이 원하는 대로 주셨다.

12 그들이 배불리 먹은 뒤에, 예수께서 제자들에게 이렇게 말씀하셨다. "남은 부스러기를 다 모으고, 조금도 버리지 말아라."

13 그래서 보리빵 다섯 덩이에서, 먹고 남은 부스러기를 모으니, 열두 광주리에 가득 찼다.

14 사람들은 예수께서 행하신 표징을 보고 "이분은 참으로 세상에 오시기로 된 그 예언자이다"

하고 말하였다.

15 예수께서는, 사람들이 와서 억지로 자기를 모셔다가 왕으로 삼으려고 한다는 것을 아시고, 혼자서 다시 산으로 물러가셨다.

예수께서 물 위를 걸으시다

(마 14:22-27; 막 6:45-52)

16 날이 저물었을 때에, 예수의 제자들은 바다로 내려가서,

17 배를 타고, 바다 건너편 가버나움으로 갔다. 이미 어두워졌는데도, 예수께서는 아직 그들이 있는 곳으로 오시지 않았다.

18 그런데 큰 바람이 불고, 물결이 사나워졌다.

19 제자들이 배를 저어서, 십여 리쯤 갔을 때였다. 그들은, 예수께서 바다 위로 걸어서 배에 가까이 오시는 것을 보고, 무서워하였다.

20 예수께서 그들에게 말씀하셨다. "나다. 두려워하지 말아라."

21 그래서 그들은 기꺼이 예수를 배 안으로 모셔들였다. 배는 곧 그들이 가려던 땅에 이르렀다.

예수는 생명의 빵이시다

22 그 다음날이었다. 바다 건너편에 서 있던 무리는, 거기에 배한 척만 있었다는 것과, 예수께서는 제자들과 함께 그 배를 타지 않으셨고, 제자들만 따로 떠나갔다는 것을 알았다.

23 그런데 디베랴에서 온 배 몇척이, 주님께서 감사 기도를 드리고 무리에게 빵을 먹이신 곳에 가까이 닿았다.

24 무리는 거기에 예수도 안 계시고 제자들도 없는 것을 알고서, 배를 나누어 타고, 예수를 찾아 가버나움으로 갔다.

25 그들은 바다 건너편에서 예수를 만나서 말하였다. "선생님, 언제 여기에 오셨습니까?"

26 예수께서 그들에게 대답하셨다. "내가 진정으로 진정으로 너희에게 말한다. 너희가 나를 찾는 것은 표징을 보았기 때문이 아니라, 빵을 먹고 배가 불렀기 때문이다.

27 너희는 썩어 없어질 양식을 얻으려고 일하지 말고, 영생에 이르도록 남아 있을 양식을 얻으려고 일하여라. 이 양식은, 인자가 너희에게 줄 것이다. 아버지 하나님께서 인자를 인정하셨기

때문이다."

28 그들이 예수께 물었다. "우리가 무엇을 하여야 하나님의 일을 하는 것이 됩니까?"

29 예수께서 그들에게 대답하셨다. "하나님께서 보내신 이를 믿는 것이 곧 하나님의 일이다."

30 그들은 다시 물었다. "우리에게 무슨 표징을 행하셔서, 우리로 하여금 보고 당신을 믿게 하시겠습니까? 당신이 하시는 일이 무엇입니까?

31 '그는 하늘에서 빵을 내려서, 그들에게 먹게 하셨다' 한 성경 말씀대로, 우리 조상들은 광야에서 만나를 먹었습니다."

32 예수께서 그들에게 대답하셨다. "내가 진정으로 진정으로 너희에게 말한다. 하늘에서 너희에게 빵을 내려다 주신 이는 모세가 아니다. 하늘에서 참 빵을 너희에게 주시는 분은 내 아버지시다.

33 하나님의 빵은 하늘에서 내려와 세상에 생명을 주는 것이다."

34 그들은 예수께 말하였다. "주님, 그 빵을 언제나 우리에게 주십시오."

35 예수께서 그들에게 말씀하셨다. "내가 생명의 빵이다. 내게로 오는 사람은 결코 주리지 않을 것이요, 나를 믿는 사람은 다시는 목마르지 않을 것이다.

36 그러나 내가 이미 말한 대로, 너희는 [나를] 보고도 믿지 않는다.

37 아버지께서 내게 주시는 사람은 다 내게로 올 것이요, 또 내게로 오는 사람은 내가 물리치지 않을 것이다.

38 그것은, 내가 내 뜻을 행하려고 하늘에서 내려온 것이 아니라, 나를 보내신 분의 뜻을 행하려고 왔기 때문이다.

39 나를 보내신 분의 뜻은, 내게 주신 사람을 내가 한 사람도 잃어버리지 않고, 마지막 날에 모두 살리는 일이다.

40 또한 아들을 보고 그를 믿는 사람은 누구든지 영생을 얻게 하시는 것이 내 아버지의 뜻이다. 나는 마지막 날에 그들을 살릴 것이다."

41 유대인들은 예수께서 "내가 하늘에서 내려온 빵이다" 하고 말씀하셨으므로, 그분을 두고 수군

거러면서

42 말하였다. "이 사람은 요셉의 아들 예수가 아닌가? 그의 부모를 우리가 알지 않는가? 그런데 이 사람이 어떻게 하늘에서 내려왔다고 하는가?"

43 그 때에 예수께서 그들에게 말씀하셨다. "서로 수군거리지 말아라.

44 나를 보내신 아버지께서 이끌어 주지 아니하시면, 아무도 내게 올 수 없다. 나는 그 사람들을 마지막 날에 살릴 것이다.

45 예언서에 기록하기를 '그들이 모두 하나님께 가르침을 받을 것이다' 하였다. 아버지께 듣고 배운 사람은 다 내게로 온다.

46 이 말은, 하나님께로부터 온 사람 외에 누가 아버지를 보았다는 것을 뜻하지 않는다. 하나님께로부터 온 사람만이 아버지를 보았다.

47 내가 진정으로 진정으로 너희에게 말한다. 믿는 사람은 영생을 가지고 있다.

48 나는 생명의 빵이다.

49 너희의 조상은 광야에서 만나를 먹었어도 죽었다.

50 그러나 하늘에서 내려오는 빵은 이러하니, 누구든지 그것을 먹으면 죽지 않는다.

51 나는 하늘에서 내려온 살아 있는 빵이다. 이 빵을 먹는 사람은 누구나 영원히 살 것이다. 내가 줄 빵은 나의 살이다. 그것은 세상에 생명을 준다."

52 그러자 유대 사람들은 서로 논란을 하면서 말하였다. "이 사람이 어떻게 우리에게 [자기] 살을 먹으라고 줄 수 있을까?"

53 예수께서 그들에게 말씀하셨다. "내가 진정으로 진정으로 너희에게 말한다. 너희가 인자의 살을 먹지 아니하고, 또 인자의 피를 마시지 아니하면, 너희 속에는 생명이 없다.

54 내 살을 먹고, 내 피를 마시는 사람은 영원한 생명을 가지고 있고, 마지막 날에 내가 그를 살릴 것이다.

55 내 살은 참 양식이요, 내 피는 참 음료이다.

56 내 살을 먹고, 내 피를 마시는 사람은 내 안에 있고, 나도 그 사람 안에 있다.

57 살아 계신 아버지께서 나를 보

내셨고, 내가 아버지 때문에 사는 것과 같이, 나를 먹는 사람도 나 때문에 살 것이다.

58 이것은 하늘에서 내려온 빵이다. 이것은 너희의 조상이 먹고서도 죽은 그런 것과는 같지 아니하다. 이 빵을 먹는 사람은 영원히 살 것이다."

59 이것은 예수께서 가버나움 회당에서 가르치실 때에 하신 말씀이다.

영원한 생명의 말씀

60 예수의 제자들 가운데서 여럿이 이 말씀을 듣고 말하기를 "이 말씀이 이렇게 어려우니 누가 알아들을 수 있겠는가?" 하였다.

61 예수께서, 제자들이 자기의 말을 두고 수군거리는 것을 아시고, 그들에게 말씀하셨다. "이 말이 너희의 마음에 걸리느냐?

62 인자가 전에 있던 곳으로 올라가는 것을 보면, 어떻게 하겠느냐?

63 생명을 주는 것은 영이다. 육은 아무 데도 소용이 없다. 내가 너희에게 한 이 말은 영이요 생명이다.

64 그러나 너희 가운데는 믿지 않는 사람들이 있다." 처음부터 예수께서는, 믿지 않는 사람이 누구이며, 자기를 넘겨줄 사람이 누구인지를, 알고 계셨던 것이다.

65 예수께서 또 말씀하셨다. "그러므로 내가 너희에게 이르기를, 아버지께서 허락하여 주신 사람이 아니고는 아무도 나에게로 올 수 없다고 말한 것이다."

66 이 때문에 제자 가운데서 많은 사람이 떠나갔고, 더 이상 그와 함께 다니지 않았다.

67 예수께서 열두 제자에게 물으셨다. "너희까지도 떠나가려 하느냐?"

68 시몬 베드로가 대답하였다. "주님, 우리가 누구에게로 가겠습니까? 선생님께는 영생의 말씀이 있습니다.

69 우리는, 선생님이 하나님의 거룩한 분이심을 믿고, 또 알았습니다."

70 예수께서 그들에게 대답하셨다. "내가 너희 열둘을 택하지 않았느냐? 그러나 너희 가운데서 하나는 악마이다."

71 이것은 시몬 가룟의 아들 유다를 가리켜서 하신 말씀인데, 그는 열두 제자 가운데 한 사람으로, 예수를 넘겨줄 사람이었다.

예수의 형제들의 불신앙

7 그 뒤에 예수께서는 갈릴리를 두루 다니셨다. 유대 사람들이 자기를 죽이려고 하였으므로, 유대 지방에는 돌아다니기를 원하지 않으셨다.

2 그런데 유대 사람의 명절인 초막절이 가까워지니,

3 예수의 형제들이 예수께 말하였다. "형님은 여기에서 떠나 유대로 가셔서, 거기에 있는 형님의 제자들도 형님이 하는 일을 보게 하십시오.

4 알려지기를 바라면서 숨어서 일하는 사람은 없습니다. 형님이 이런 일을 하는 바에는, 자기를 세상에 드러내십시오."

5 (예수의 형제들까지도 예수를 믿지 않았기 때문이다.)

6 예수께서 그들에게 말씀하셨다. "내 때는 아직 오지 않았다. 그러나 너희의 때는 언제나 마련되어 있다.

7 세상이 너희를 미워할 수 없다. 그러나 세상은 나를 미워한다. 그것은, 내가 세상을 보고서 그 하는 일들이 악하다고 증언하기 때문이다.

8 너희는 명절을 지키러 올라가거라. 나는 아직 내 때가 차지 않았으므로, 이번 명절에는 올라가지 않겠다."

9 이렇게 그들에게 말씀하시고, 예수께서는 갈릴리에 그냥 머물러 계셨다.

예수께서 명절을 지키러 올라가시다

10 그러나 예수의 형제들이 명절을 지키러 올라간 뒤에, 예수께서도 아무도 모르게 올라가셨다.

11 명절에 유대 사람들이 예수를 찾으면서 물었다. "그 사람이 어디에 있소?"

12 무리 가운데서는 예수를 두고 말들이 많았다. 더러는 그를 좋은 사람이라고 말하고, 더러는 무리를 미혹하는 사람이라고 말하였다.

13 그러나 유대 사람들이 무서워서, 예수에 대하여 드러내 놓고 말하는 사람은 아무도 없었

다.

14 명절이 중간에 접어들었을 즈음에, 예수께서 성전에 올라가서 가르치셨다.

15 유대 사람들이 놀라서 말하였다. "이 사람은 배우지도 않았는데, 어떻게 저런 학식을 갖추었을까?"

16 예수께서 그들에게 대답하셨다. "나의 가르침은 내 것이 아니라, 나를 보내신 분의 것이다.

17 하나님의 뜻을 따르려는 사람은 누구든지, 이 가르침이 하나님에게서 난 것인지, 내가 내 마음대로 말하는 것인지를 알 것이다.

18 자기 마음대로 말하는 사람은 자기의 영광을 구하지만, 자기를 보내신 분의 영광을 구하는 사람은 진실하며, 그 사람 속에는 불의가 없다.

19 모세가 너희에게 율법을 주지 않았느냐? 그런데 너희 가운데 그 율법을 지키는 사람은 한 사람도 없다. 어찌하여 너희가 나를 죽이려고 하느냐?"

20 무리가 대답하였다. "당신은 귀신이 들렸소. 누가 당신을 죽이려고 한다는 말이오?"

21 예수께서 그들에게 말씀하셨다. "내가 한 가지 일을 하였는데, 너희는 모두 놀라고 있다.

22 모세가 너희에게 할례법을 주었다. —사실, 할례는 모세에게서 비롯한 것이 아니라, 조상들에게서 비롯한 것이다. — 이 때문에 너희는 안식일에도 사람에게 할례를 준다.

23 모세의 율법을 어기지 않으려고, 사람이 안식일에도 할례를 받는데, 내가 안식일에 한 사람의 몸 전체를 성하게 해주었다고 해서, 너희가 어찌하여 나에게 분개하느냐?

24 겉모양으로 심판하지 말고, 공정한 심판을 내려라."

이 사람이 그리스도인가?

25 예루살렘 사람들 가운데서 몇 사람이 말하였다. "그들이 죽이려고 하는 이가 바로 이 사람이 아닙니까?

26 보십시오. 그가 드러내 놓고 말하는데도, 사람들이 그에게 아무 말도 못합니다. 지도자들은 정말로 이 사람을 그리스도로 알고 있는 것입니까?

27 우리는 이 사람이 어디에서 왔는지를 알고 있습니다. 그러나 그리스도가 오실 때에는, 어디에서 오셨는지 아는 사람이 없을 것입니다."

28 예수께서 성전에서 가르치실 때에, 큰 소리로 말씀하셨다. "너희는 나를 알고, 또 내가 어디에서 왔는지를 알고 있다. 그런데 나는 내 마음대로 온 것이 아니다. 나를 보내신 분은 참되시다. 너희는 그분을 알지 못하지만,

29 나는 그분을 안다. 나는 그분에게서 왔고, 그분은 나를 보내셨기 때문이다."

30 사람들이 예수를 잡으려고 하였으나, 아무도 그에게 손을 대는 사람이 없었다. 그것은 그의 때가 아직 이르지 않았기 때문이다.

31 무리 가운데서 많은 사람이 예수를 믿었다. 그들이 말하였다. "그리스도가 오신다고 해도, 이분이 하신 것보다 더 많은 표징을 행하시겠는가?"

예수를 잡으려는 사람들

32 무리가 예수를 두고 이런 말로 수군거리는 것을, 바리새파 사람들이 들었다. 그래서 대제사장들과 바리새파 사람들은 예수를 잡으려고 성전 경비병들을 보냈다.

33 예수께서 그들에게 말씀하셨다. "나는 잠시 동안 너희와 함께 있다가, 나를 보내신 분께로 간다.

34 그러면 너희가 나를 찾아도 만나지 못할 것이요, 내가 있는 곳에 너희가 올 수도 없을 것이다."

35 유대 사람들이 서로 말하였다. "이 사람이 어디로 가려고 하기에, 자기를 만나지 못할 것이라고 하는가? 그리스 사람들 가운데 흩어져 사는 유대 사람들에게로 가서, 그리스 사람들을 가르칠 셈인가?

36 또 '너희가 나를 찾아도 만나지 못할 것이요, 내가 있는 곳에 너희가 올 수도 없을 것이다' 한 말은 무슨 뜻인가?"

생명수가 흐르는 강

37 명절의 가장 중요한 날인 마지막 날에, 예수께서 일어서서, 큰 소리로 말씀하셨다. "목마른

사람은 다 나에게로 와서 마셔라.

38 나를 믿는 사람은, 성경이 말한 바와 같이, 그의 배에서 생수가 강물처럼 흘러나올 것이다."

39 이것은, 예수를 믿은 사람이 받게 될 성령을 가리켜서 하신 말씀이다. 예수께서 아직 영광을 받지 않으셨으므로, 성령이 아직 사람들에게 오시지 않았다.

무리 가운데에서 일어난 분쟁

40 이 말씀을 들은 무리 가운데는 "이 사람은 정말로 그 예언자이다" 하고 말하는 사람들도 있고,

41 "이 사람은 그리스도이다" 하고 말하는 사람들도 있었다. 그러나 더러는 이렇게 말하였다. "갈릴리에서 그리스도가 날 수 있을까?

42 성경은 그리스도가 다윗의 후손 가운데서 날 것이요, 또 다윗이 살던 마을 베들레헴에서 날 것이고 말하지 않았는가?"

43 무리 가운데 예수 때문에 분열이 일어났다.

44 그들 가운데서 예수를 잡고자 하는 사람도 몇 있었으나, 아무도 그에게 손을 대지는 못하였다.

의회원과 바리새파 사람들의 불신앙

45 성전 경비병들이 대제사장들과 바리새파 사람들에게 돌아오니, 그들이 경비병들에게 물었다. "어찌하여 그를 끌어오지 않았느냐?"

46 경비병들이 대답하였다. "그 사람이 말하는 것처럼 말한 사람은, 지금까지 아무도 없었습니다."

47 바리새파 사람들이 그들에게 말하였다. "너희도 미혹된 것이 아니냐?

48 지도자들이나 바리새파 사람들 가운데서 그를 믿은 사람이 어디에 있다는 말이냐?

49 율법을 알지 못하는 이 무지렁이들은 저주받은 자들이다."

50 그들 가운데 한 사람으로, 전에 예수를 찾아간 니고데모가 그들에게 말하였다.

51 "우리의 율법으로는, 먼저 그 사람의 말을 들어보거나, 또 그가 하는 일을 알아보거나, 하지 않

고서는 그를 심판하지 않는 것이 아니오?"

52 그들이 니고데모에게 말하였다. "당신도 갈릴리 사람이오? 성경을 살펴보시오. 그러면 갈릴리에서는 예언자가 나오지 않는다는 것을 알게 될 것이오."

음행하다 잡혀 온 여인

53 [[그리고 그들은 제각기 집으로 돌아갔다.

8 1 예수께서는 올리브 산으로 가셨다.

2 이른 아침에 예수께서 다시 성전에 가시니, 많은 백성이 그에게로 모여들었다. 예수께서 앉아서 그들을 가르치실 때에

3 율법학자들과 바리새파 사람들이 간음을 하다가 잡힌 여자를 끌고 와서, 가운데 세워 놓고,

4 예수께 말하였다. "선생님, 이 여자가 간음을 하다가, 현장에서 잡혔습니다.

5 모세는 율법에, 이런 여자들을 돌로 쳐죽이라고 우리에게 명령하였습니다. 그런데 선생님은 뭐라고 하시겠습니까?"

6 그들이 이렇게 말한 것은, 예수를 시험하여 고발할 구실을 찾으려는 속셈이었다. 그러나 예수께서는 몸을 굽혀서, 손가락으로 땅에 무엇인가를 쓰셨다.

7 그들이 다그쳐 물으니, 예수께서 몸을 일으켜, 그들에게 말씀하셨다. "너희 가운데서 죄가 없는 사람이 먼저 이 여자에게 돌을 던져라."

8 그리고는 다시 몸을 굽혀서, 땅에 무엇인가를 쓰셨다.

9 이 말씀을 들은 사람들은, 나이가 많은 이로부터 시작하여, 하나하나 떠나가고, 마침내 예수만 남았다. 그 여자는 그대로 서 있었다.

10 예수께서 몸을 일으키시고, 여자에게 말씀하셨다. "여자여, 사람들은 어디에 있느냐? 너를 정죄한 사람이 한 사람도 없느냐?"

11 여자가 대답하였다. "주님, 한 사람도 없습니다." 예수께서 말씀하셨다. "나도 너를 정죄하지 않는다. 가서, 이제부터 다시는 죄를 짓지 말아라."]]

예수는 세상의 빛

12 예수께서 다시 그들에게 말씀

하셨다. "나는 세상의 빛이다. 나를 따르는 사람은 어둠 속에 다니지 아니하고, 생명의 빛을 얻을 것이다."

13 바리새파 사람들이 예수께 말하였다. "당신이 스스로 자신에 대하여 증언하니, 당신의 증언은 참되지 못하오."

14 예수께서 그들에게 대답하셨다. "비록 내가 나 자신에 대하여 증언할지라도, 내 증언은 참되다. 나는 내가 어디에서 와서 어디로 가는지를 알고 있기 때문이다. 그러나 너희는 내가 어디에서 왔는지도 모르고, 어디로 가는지도 모른다.

15 너희는 사람이 정한 기준을 따라 심판한다. 나는 아무도 심판하지 않는다.

16 그러나 내가 심판하면 내 심판은 참되다. 그것은, 내가 혼자 있는 것이 아니고, 나를 보내신 아버지께서 나와 함께 하시기 때문이다.

17 너희의 율법에도 기록하기를 '두 사람이 증언하면 참되다' 하였다.

18 내가 나 자신에 대하여 증언하

는 사람이고, 나를 보내신 아버지께서도 나에 대하여 증언하여 주신다."

19 그러자 그들은 예수께 물었다. "당신의 아버지가 어디에 계십니까?" 예수께서 대답하셨다. "너희는 나도 모르고, 나의 아버지도 모른다. 너희가 나를 알았더라면 나의 아버지도 알았을 것이다."

20 이것은 예수께서 성전에서 가르치실 때에 헌금궤가 있는 데서 하신 말씀이다. 그러나 그를 잡는 사람이 아무도 없었다. 그것은 아직도 그의 때가 이르지 않았기 때문이다.

내가 가는 곳에 너희는 오지 못한다

21 예수께서 다시 그들에게 말씀하셨다. "나는 가고, 너희는 나를 찾다가 너희의 죄 가운데서 죽을 것이다. 그리고 내가 가는 곳에 너희는 올 수 없다."

22 유대 사람들이 말하였다. "'내가 가는 곳에 너희는 올 수 없다' 하니, 그가 자살하겠다는 말인가?"

23 예수께서 그들에게 말씀하셨다. "너희는 아래에서 왔고, 나

는 위에서 왔다. 너희는 이 세상에 속하여 있지만, 나는 이 세상에 속하여 있지 않다.

24 그래서 나는, 너희가 너희의 죄 가운데서 죽을 것이라고 말하였다. '내가 곧 나임을 너희가 믿지 않으면, 너희는 너희의 죄 가운데서 죽을 것이다.'

25 그들이 예수께 물었다. "당신은 누구요?" 예수께서 그들에게 대답하셨다. "내가 처음부터 너희에게 말하지 않았느냐?

26 그리고 내가 너희에 대하여 말하고 또 심판할 것이 많이 있다. 그러나 나를 보내신 분은 참되시며, 나는 그분에게서 들은 대로 세상에 말하는 것이다."

27 그들은 예수께서 아버지를 가리켜서 말씀하시는 줄을 깨닫지 못하였다.

28 그러므로 예수께서 [그들에게] 말씀하셨다. "너희는, 인자가 높이 들려 올려질 때에야, '내가 곧 나'라는 것과, 또 내가 아무 것도 내 마음대로 하지 아니하고 아버지께서 나에게 가르쳐 주신 대로 말한다는 것을 알

29 게 될 것이다. 나를 보내신 분이 나와 함께 하신다. 그분은 나를 혼자 버려 두지 않으셨다. 그것은, 내가 언제나 아버지께서 기뻐하시는 일을 하기 때문이다."

30 이 말씀을 듣고, 많은 사람이 예수를 믿게 되었다.

진리가 너희를 자유하게 하리라

31 예수께서 자기를 믿은 유대 사람들에게 말씀하셨다. "너희가 나의 말에 머물러 있으면, 너희는 참으로 나의 제자들이다.

32 그리고 너희는 진리를 알게 될 것이며, 진리가 너희를 자유롭게 할 것이다."

33 그들은 예수께 말하였다. "우리는 아브라함의 자손이라 아무에게도 종노릇한 일이 없는데, 당신은 어찌하여 우리가 자유롭게 될 것이라고 말합니까?"

34 예수께서 대답하셨다. "내가 진정으로 진정으로 너희에게 말한다. 죄를 짓는 사람은 다 죄의 종이다.

35 종은 언제까지나 집에 머물러 있지 못하지만, 아들은 언제까지나 머물러 있다.

36 그러므로 아들이 너희를 자유롭게 하면, 너희는 참으로 자유롭게 될 것이다.

37 나는 너희가 아브라함의 자손임을 안다. 그런데 너희는 나를 죽이려고 한다. 내 말이 너희 속에 있을 자리가 없기 때문이다.

38 나는 나의 아버지에게서 본 것을 말하고, 너희는 너희의 아비에게서 들은 것을 행한다."

너희의 아비는 악마이다

39 그들이 예수께 말하였다. "우리 조상은 아브라함이오." 예수께서 그들에게 대답하셨다. "너희가 아브라함의 자녀라면, 아브라함이 한 일을 하였을 것이다.

40 그러나 지금 너희는, 너희에게 하나님에게서 들은 진리를 말해 준 사람인 나를 죽이려고 한다. 아브라함은 이런 일을 하지 않았다.

41 너희는 너희 아비가 한 일을 하고 있다." 그들이 예수께 말하였다. "우리는 음행으로 태어나지 않았으며, 우리에게는 하나님이신 아버지만 한 분 계십니다."

42 예수께서 대답하셨다. "하나님이 너희의 아버지라면, 너희가 나를 사랑할 것이다. 그것은, 내가 하나님에게서 와서 여기에 있기 때문이다. 내가 내 마음대로 온 것이 아니라, 아버지께서 나를 보내신 것이다.

43 어찌하여 너희는 내가 말하는 것을 깨닫지 못하느냐? 그것은 너희가 내 말을 들을 수 없기 때문이다.

44 너희는 너희 아비인 악마에게서 났으며, 또 그 아비의 욕망대로 하려고 한다. 그는 처음부터 살인자였다. 또 그는 진리 편에 있지 않다. 그것은 그 속에 진리가 없기 때문이다. 그가 거짓말을 할 때에는 본성에서 그렇게 하는 것이다. 그는 거짓말쟁이이며, 거짓의 아비이기 때문이다.

45 그런데 내가 진리를 말하기 때문에, 너희는 나를 믿지 않는다.

46 너희 가운데서 누가 나에게 죄가 있다고 단정하느냐? 내가 진리를 말하는데, 어찌하여 나를 믿지 않느냐?

47 하나님에게서 난 사람은 하나님의 말씀을 듣는다. 그러므로 너희가 듣지 않는 것은, 너희가 하나님에게서 나지 않았기 때문이다."

아브라함이 있기 전부터 내가 있다

48 유대 사람들이 예수께 말하였다. "우리가 당신을 사마리아 사람이라고도 하고, 귀신이 들렸다고도 하는데, 그 말이 옳지 않소?"

49 예수께서 대답하셨다. "나는 귀신이 들린 것이 아니라, 나의 아버지를 공경한다. 그런데도 너희는 나를 모욕한다.

50 나는 내 영광을 구하지 않는다. 나를 위하여 영광을 구해 주시며, 심판해 주시는 분이 따로 계신다.

51 내가 진정으로 진정으로 너희에게 말한다. 나의 말을 지키는 사람은 영원히 죽음을 겪지 않을 것이다."

52 유대 사람들이 예수께 말하였다. "이제 우리는 당신이 귀신 들렸다는 것을 알았소. 아브라함도 죽고, 예언자들도 죽었는데, 당신이 '나의 말을 지키면,

영원히 죽음을 겪지 않을 것이다' 하니,

53 당신이 이미 죽은 우리 조상 아브라함보다 더 위대하다는 말이오? 또 예언자들도 다 죽었소. 당신은 스스로를 누구라고 생각하오?"

54 예수께서 대답하셨다. "내가 나를 영광되게 한다면, 나의 영광은 헛된 것이다. 나를 영광되게 하시는 분은 나의 아버지시다. 너희가 너희의 하나님이라고 부르는 바로 그분이시다.

55 너희는 그분을 알지 못하지만 나는 그분을 안다. 내가 그분을 알지 못한다고 말하면, 나도 너희처럼 거짓말쟁이가 될 것이다. 그러나 나는 아버지를 알고 있으며, 또 그분의 말씀을 지키고 있다.

56 너희의 조상 아브라함은 나의 날을 보리라고 기대하며 즐거워하였고, 마침내 보고 기뻐하였다."

57 유대 사람들이 예수께 말하였다. "당신은 아직 나이가 쉰도 안되었는데, 아브라함을 보았다는 말이오?"

58 예수께서 그들에게 말씀하셨다. "내가 진정으로 진정으로 너희에게 말한다. 아브라함이 태어나기 전부터 내가 있다."

59 그래서 그들은 돌을 들어서 예수를 치려고 하였다. 그러자 예수께서는 몸을 피해서 성전 바깥으로 나가셨다.

나면서부터 눈 먼 사람을 고치시다

9 예수께서 가시다가, 날 때부터 눈먼 사람을 보셨다.

2 제자들이 예수께 물었다. "선생님, 이 사람이 눈먼 사람으로 태어난 것이, 누구의 죄 때문입니까? 이 사람의 죄입니까? 부모의 죄입니까?"

3 예수께서 대답하셨다. "이 사람이 죄를 지은 것도 아니요, 그의 부모가 죄를 지은 것도 아니다. 하나님께서 하시는 일들을 그에게서 드러내시려는 것이다.

4 우리는 나를 보내신 분의 일을 낮 동안에 해야 한다. 아무도 일할 수 없는 밤이 곧 온다.

5 내가 세상에 있는 동안, 나는 세상의 빛이다."

6 예수께서 이 말씀을 하신 뒤에, 땅에 침을 뱉어서, 그것으로 진

7 흙을 개어 그의 눈에 바르시고, 그에게 실로암 못으로 가서 씻으라고 말씀하셨다. ('실로암'은 번역하면 '보냄을 받았다'는 뜻이다.) 그 눈먼 사람이 가서 씻고, 눈이 밝아져서 돌아갔다.

8 이웃 사람들과, 그가 전에 거지인 것을 보아 온 사람들이 말하기를 "이 사람은 앉아서 구걸하던 사람이 아니냐?" 하였다.

9 다른 사람들 가운데는 "이 사람이 그 사람이다" 하고 말하는 사람도 더러 있었고, 또 더러는 "그가 아니라 그와 비슷한 사람이다" 하고 말하기도 하였다. 그런데 눈을 뜨게 된 그 사람은 "내가 바로 그 사람이오" 하고 말하였다.

10 사람들이 그에게 물었다. "그러면 어떻게 눈을 뜨게 되었소?"

11 그가 대답하였다. "예수라는 사람이 진흙을 개어 내 눈에 바르고, 나더러 실로암에 가서 씻으라고 하였소. 그래서 내가 가서 씻었더니, 보게 되었소."

12 사람들이 눈을 뜨게 된 사람에게 묻기를 "그 사람이 어디에 있소?" 하니, 그는 "모르겠소" 하

고 대답하였다.

비뚤어진 바리새파 사람들

13 그들은 전에 눈먼 사람이던 그를 바리새파 사람들에게 데리고 갔다.

14 그런데 예수께서 진흙을 개어 그의 눈을 뜨게 하신 날이 안식일이었다.

15 바리새파 사람들은 또다시 그에게 어떻게 보게 되었는지를 물었다. 그는 "그분이 내 눈에 진흙을 바르신 다음에 내가 눈을 씻었더니, 이렇게 보게 되었습니다" 하고 대답하였다.

16 바리새파 사람들 가운데 더러는 말하기를 "안식일을 지키지 않는 것으로 보아서, 그는 하나님에게서 온 사람이 아니오" 하였고, 더러는 "죄가 있는 사람이 어떻게 그러한 표징을 행할 수 있겠소?" 하고 말하였다. 그래서 그들 사이에 의견이 갈라졌다.

17 그들은 눈멀었던 사람에게 다시 물었다. "그가 당신의 눈을 뜨게 하였는데, 당신은 그를 어떻게 생각하오?" 그가 대답하였다. "그분은 예언자입니다."

18 유대 사람들은, 그가 전에 눈먼 사람이었다가 보게 되었다는 사실을 믿지 않고, 마침내 그 부모를 불러다가

19 물었다. "이 사람이, 날 때부터 눈먼 사람이었다는 당신의 아들이오? 그런데, 지금은 어떻게 보게 되었소?"

20 부모가 대답하였다. "이 아이가 우리 아들이라는 것과, 날 때부터 눈먼 사람이었다는 것은, 우리가 압니다.

21 그런데 우리는 그가 지금 어떻게 보게 되었는지도 모르고, 또 누가 그 눈을 뜨게 하였는지도 모릅니다. 다 큰 사람이니, 그에게 물어 보십시오. 그가 자기 일을 이야기할 것입니다."

22 그 부모는 유대 사람들이 무서워서 이렇게 말한 것이다. 예수를 그리스도라고 고백하는 사람은 누구든지 회당에서 내쫓기로, 유대 사람들이 이미 결의해 놓았기 때문이다.

23 그래서 그의 부모가, 그 아이가 다 컸으니 그에게 물어보라고 말한 것이다.

24 바리새파 사람들은 눈멀었던

그 사람을 두 번째로 불러서 말하였다. "영광을 하나님께 돌려라. 우리가 알기로, 그 사람은 죄인이다."

25 그는 이렇게 대답하였다. "나는 그분이 죄인인지 아닌지는 모릅니다. 다만 한 가지 내가 아는 것은, 내가 눈이 멀었다가, 지금은 보게 되었다는 것입니다."

26 그래서 그들은 그에게 물었다. "그 사람이 네게 한 일이 무엇이냐? 그가 네 눈을 어떻게 뜨게 하였느냐?"

27 그는 대답하였다. "그것은 내가 이미 여러분에게 말하였는데, 여러분은 곧이듣지 않았습니다. 그러면서 어찌하여 다시 들으려고 합니까? 여러분도 그분의 제자가 되려고 합니까?"

28 그러자 그들은 그에게 욕설을 퍼붓고 말하였다. "너는 그 사람의 제자이지만, 우리는 모세의 제자이다.

29 우리는 하나님께서 모세에게 말씀하셨다는 것을 알고 있다. 그러나 그 사람은 어디에서 왔는지 우리는 알지 못한다."

30 그가 그들에게 대답하였다. "그

분이 내 눈을 뜨게 해주셨는데도, 여러분은 그분이 어디에서 왔는지 모른다니, 참 이상한 일입니다.

31 하나님께서는 죄인들의 말은 듣지 않으시지만, 하나님을 공경하고 그의 뜻을 행하는 사람의 말은 들어주시는 줄을, 우리는 압니다.

32 나면서부터 눈먼 사람의 눈을 누가 뜨게 하였다는 말은, 창세로부터 이제까지 들어 본 적이 없습니다.

33 그가 하나님께로부터 오신 분이 아니라면, 아무 일도 하지 못하셨을 것입니다."

34 그들은 그에게 말하였다. "네가 완전히 죄 가운데서 태어났는데도, 우리를 가르치려고 하느냐?" 그리고 그들은 그를 바깥으로 내쫓았다.

참으로 눈 먼 사람

35 바리새파 사람들이 그 사람을 내쫓았다는 말을 예수께서 들으시고, 그를 만나서 물으셨다. "네가 인자를 믿느냐?"

36 그가 대답하였다. "선생님, 그분이 어느 분입니까? 내가 그분을

믿겠습니다."

37 예수께서 그에게 말씀하셨다. "너는 이미 그를 보았다. 너와 말하고 있는 사람이 바로 그이다."

38 그는 "주님, 내가 믿습니다" 하고 말하고서, 예수께 엎드려 절하였다.

39 예수께서 또 말씀하셨다. "나는 이 세상을 심판하러 왔다. 못 보는 사람은 보게 하고, 보는 사람은 못 보게 하려는 것이다."

40 예수와 함께 있던 바리새파 사람들이 이 말씀을 듣고 나서 말하였다. "우리도 눈이 먼 사람이란 말이오?"

41 예수께서 그들에게 말씀하셨다. "너희가 눈이 먼 사람들이라면, 도리어 죄가 없을 것이다. 그러나, 너희가 지금 본다고 말하니, 너희의 죄가 그대로 남아 있다."

양의 우리의 비유

10 "내가 진정으로 진정으로 너희에게 말한다. 양 우리에 들어갈 때에, 문으로 들어가지 아니하고 다른 데로 넘어 들어가는 사람은 도둑이요 강도이다.

2 그러나 문으로 들어가는 사람은 양들의 목자이다.

3 문지기는 목자에게 문을 열어주고, 양들은 그의 목소리를 알아듣는다. 그리고 목자는 자기 양들의 이름을 하나하나 불러서 이끌고 나간다.

4 자기 양들을 다 불러낸 다음에, 그는 앞서서 가고, 양들은 그를 따라간다. 양들이 목자의 목소리를 알고 있기 때문이다.

5 양들은 결코 낯선 사람을 따라가지 않을 것이고, 그에게서 달아날 것이다. 그것은 양들이 낯선 사람의 목소리를 알지 못하기 때문이다."

6 예수께서 그들에게 이러한 비유를 말씀하셨으나, 그들은 그가 무슨 뜻으로 그렇게 말씀하시는지를 깨닫지 못하였다.

예수는 선한 목자이시다

7 예수께서 다시 말씀하셨다. "내가 진정으로 진정으로 너희에게 말한다. 나는 양이 드나드는 문이다.

8 [나보다] 먼저 온 사람은 다 도둑이고 강도이다. 그래서 양들이 그들의 말을 듣지 않았다.

9 나는 문이다. 누구든지 나를 통하여 들어오면, 구원을 얻고, 드나들면서 꼴을 얻을 것이다.

10 도둑은 다만 훔치고 죽이고 파괴하려고 오는 것뿐이다. 나는, 양들이 생명을 얻고 또 더 넘치게 얻게 하려고 왔다.

11 나는 선한 목자이다. 선한 목자는 양들을 위하여 자기 목숨을 버린다.

12 삯꾼은 목자가 아니요, 양들도 자기의 것이 아니므로, 이리가 오는 것을 보면, 양들을 버리고 달아난다. ─그러면 이리가 양들을 물어가고, 양떼를 흩어 버린다.─

13 그는 삯꾼이어서, 양들을 생각하지 않기 때문이다.

14 나는 선한 목자이다. 나는 내 양들을 알고, 내 양들은 나를 안다.

15 그것은 마치, 아버지께서 나를 아시고, 내가 아버지를 아는 것과 같다. 나는 양들을 위하여 내 목숨을 버린다.

16 나에게는 이 우리에 속하지 않은 다른 양들이 있다. 나는 그 양들도 이끌어 와야 한다. 그

17 아버지께서 나를 사랑하신다. 그것은 내가 목숨을 다시 얻으려고 내 목숨을 기꺼이 버리기 때문이다.

18 아무도 내게서 내 목숨을 빼앗아 가지 못한다. 나는 스스로 원해서 내 목숨을 버린다. 나는 목숨을 버릴 권세도 있고, 다시 얻을 권세도 있다. 이것은 내가 아버지께로부터 받은 명령이다."

19 이 말씀 때문에 유대 사람들 가운데 다시 분열이 일어났다.

20 그 가운데서 많은 사람이 말하기를 "그가 귀신이 들려서 미쳤는데, 어찌하여 그의 말을 듣느냐?" 하고,

21 또 다른 사람들은 말하기를 "이 말은 귀신이 들린 사람의 말이 아니다. 귀신이 어떻게 눈먼 사람의 눈을 뜨게 할 수 있겠느냐?" 하였다.

유대 사람들이 예수를 배척하다

22 예루살렘은 성전 봉헌절이 되었는데, 때는 겨울이었다.

들도 내 목소리를 들을 것이며, 한 목자 아래에서 한 무리 양떼가 될 것이다.

23 예수께서는 성전 경내에 있는 속로몬 주랑을 거닐고 계셨다.

24 그 때에 유대 사람들은 예수를 둘러싸고 말하였다. "당신은 언제까지 우리의 마음을 졸이게 하시렵니까? 당신이 그리스도이면 그렇다고 분명하게 말하여 주십시오."

25 예수께서 그들에게 대답하셨다. "내가 너희에게 이미 말하였는데도, 너희가 믿지 않는다. 내가 내 아버지의 이름으로 하는 그 일들이 곧 나를 증언해 준다.

26 그런데 너희가 믿지 않는 것은, 너희가 내 양이 아니기 때문이다.

27 내 양들은 내 목소리를 알아듣는다. 나는 내 양들을 알고, 내 양들은 나를 따른다.

28 나는 그들에게 영생을 준다. 그들은 영원토록 멸망하지 아니할 것이요, 또 아무도 그들을 내 손에서 빼앗아 가지 못할 것이다.

29 그들을 나에게 주신 내 아버지는 만유보다도 더 크시다. 아무도 아버지의 손에서 그들을 빼앗아 가지 못한다.

30 나와 아버지는 하나이다."

31 이 때에 유대 사람들이 다시 돌을 들어서 예수를 치려고 하였다.

32 예수께서 그들에게 말씀하셨다. "내가 아버지의 권능을 힘입어서, 선한 일을 많이 하여 너희에게 보여 주었는데, 그 가운데서 어떤 일로 나를 돌로 치려고 하느냐?"

33 유대 사람들이 대답하였다. "우리가 당신을 돌로 치려고 하는 것은, 선한 일을 하였기 때문이 아니라, 하나님을 모독하였기 때문이오. 당신은 사람이면서, 자기를 하나님이라고 하였소."

34 예수께서 그들에게 말씀하셨다. "너희의 율법에, '내가 너희를 신들이라고 하였다' 하는 말이 기록되어 있지 않으냐?

35 하나님의 말씀을 받은 사람들을 하나님께서 신이라고 하셨다. 또 성경은 폐하지 못한다.

36 그런데 아버지께서 거룩하게 하여 세상에 보내신 사람이, 자기를 하나님의 아들이라고 한 말을 가지고, 너희는 그가 하나

님을 모독한다고 하느냐?

37 내가 내 아버지의 일을 하지 아니하거든, 나를 믿지 말아라.

38 그러나 내가 그 일을 하고 있으면, 나를 믿지는 아니할지라도, 그 일은 믿어라. 그리하면 너희는, 아버지께서 내 안에 계시고 또 내가 아버지 안에 있다는 것을, 깨달아 알게 될 것이다."

39 [그러므로] 그들이 다시 예수를 잡으려고 하였으나, 예수께서는 그들의 손을 벗어나서 피하셨다.

40 예수께서 다시 요단 강 건너쪽, 요한이 처음에 세례를 주던 곳으로 가서, 거기에 머무르셨다.

41 많은 사람이 그에게로 왔다. 그들은 이렇게 말하였다. "요한은 표징을 하나도 행하지 않았으나, 요한이 이 사람을 두고 한 말은 모두 참되다."

42 그 곳에서 많은 사람이 예수를 믿었다.

죽은 나사로를 살리시다

11 한 병자가 있었는데, 그는 마리아와 그의 자매 마르다의 마을 베다니에 사는 나사로였다.

2 마리아는 주님께 향유를 붓고, 자기의 머리털로 주님의 발을 씻은 여자요, 병든 나사로는 그의 오라버니이다.

3 그 누이들이 사람을 예수께로 보내서 말하였다. "주님, 보십시오. 주님께서 사랑하시는 사람이 앓고 있습니다."

4 예수께서 들으시고 말씀하셨다. "이 병은, 죽을 병이 아니라 오히려 하나님의 영광을 드러낼 병이다. 이것으로 말미암아 하나님의 아들이 영광을 받게 될 것이다."

5 예수께서는 마르다와 그의 자매와 나사로를 사랑하셨다.

6 그런데 예수께서는 나사로가 앓는다는 말을 들으시고도, 계시던 그 곳에 이틀이나 더 머무르셨다.

7 그리고 나서 제자들에게 "다시 유대 지방으로 가자" 하고 말씀하셨다.

8 제자들이 예수께 말하였다. "선생님, 방금도 유대 사람들이 선생님을 돌로 치려고 하였는데, 다시 그리로 가려고 하십니까?"

9 예수께서 대답하셨다. "낮은 열두 시간이나 되지 않느냐? 사람이 낮에 걸어다니면, 햇빛이 있으므로 걸려서 넘어지지 않는다.

10 그러나 밤에 걸어다니면, 빛이 그 사람 안에 없으므로, 걸려서 넘어진다."

11 이 말씀을 하신 뒤에, 그들에게 말씀하셨다. "우리 친구 나사로는 잠들었다. 내가 가서, 그를 깨우겠다."

12 제자들이 말하였다. "주님, 그가 잠들었으면, 낫게 될 것입니다."

13 예수께서는 나사로가 죽었다는 뜻으로 말씀하셨는데, 제자들은 그가 잠이 들어 쉰다고 말씀하시는 것으로 생각하였다.

14 이 때에 예수께서 그들에게 밝혀 말씀하셨다. "나사로는 죽었다.

15 내가 거기에 있지 않은 것이 너희를 위해서 도리어 잘 된 일이므로, 기쁘게 생각한다. 이 일로 말미암아 너희가 믿게 될 것이다. 그에게로 가자."

16 그러자 디두모라고도 하는 도마가 동료 제자들에게 "우리도 그와 함께 죽으러 가자" 하고 말하였다.

예수는 부활과 생명이시다

17 예수께서 가서 보시니, 나사로가 무덤 속에 있은 지가 벌써 나흘이나 되었다.

18 베다니는 예루살렘에서 오 리가 조금 넘는 가까운 곳인데,

19 많은 유대 사람이 그 오라버니의 일로 마르다와 마리아를 위로하러 와 있었다.

20 마르다는 예수께서 오신다는 말을 듣고서 맞으러 나가고, 마리아는 집에 앉아 있었다.

21 마르다가 예수께 말하였다. "주님, 주님이 여기에 계셨더라면, 내 오라버니가 죽지 아니하였을 것입니다.

22 그러나 이제라도, 나는 주님께서 하나님께 구하시는 것은 무엇이나 하나님께서 다 이루어 주실 줄 압니다."

23 예수께서 마르다에게 말씀하셨다. "네 오라버니가 다시 살아날 것이다."

24 마르다가 예수께 말하였다. "마지막 날 부활 때에 그가 다시 살아나리라는 것은 내가 압니다."

25 예수께서 마르다에게 말씀하셨

다. "나는 부활이요 생명이니. 나를 믿는 사람은 죽어도 살고.

26 살아서 나를 믿는 사람은 영원히 죽지 아니할 것이다. 네가 이것을 믿느냐?"

27 마르다가 예수께 말하였다. "예. 주님! 주님은 세상에 오실 그리스도이시며. 하나님의 아들이심을. 내가 믿습니다."

예수께서 눈물을 흘리시다

28 이렇게 말한 뒤에. 마르다는 가서. 그 자매 마리아를 불러서 가만히 말하였다. "선생님께서 와 계시는데. 너를 부르신다."

29 이 말을 듣고. 마리아는 급히 일어나서 예수께로 갔다.

30 예수께서는 아직 동네에 들어가지 않으시고. 마르다가 예수를 맞이하던 곳에 그냥 계셨다.

31 집에서 마리아와 함께 있으면서 그를 위로해 주던 유대 사람들은. 마리아가 급히 일어나서 나가는 것을 보고. 무덤으로 가서 울려고 하는 것으로 생각하고. 그를 따라갔다.

32 마리아는 예수께서 계신 곳으로 와서. 예수님을 뵙고. 그 발 아래에 엎드려서 말하였다. "주

님. 주님이 여기에 계셨더라면. 내 오라버니가 죽지 않았을 것입니다."

33 예수께서는 마리아가 우는 것과. 함께 따라온 유대 사람들이 우는 것을 보시고. 마음이 비통하여 괴로워하셨다.

34 예수께서 그들에게 물으셨다. "그를 어디에 두었느냐?" 그들이 대답하였다. "주님. 와 보십시오."

35 예수께서는 눈물을 흘리셨다.

36 그러자 유대 사람들은 "보시오. 그가 얼마나 나사로를 사랑하였는가!" 하고 말하였다.

37 그 가운데서 어떤 사람은 이렇게 말하였다. "눈먼 사람의 눈을 뜨게 하신 분이. 이 사람을 죽지 않게 하실 수 없었단 말이오?"

나사로가 살아나다

38 예수께서 다시 속으로 비통하게 여기시면서 무덤으로 가셨다. 무덤은 동굴인데. 그 어귀는 돌로 막아 놓았다.

39 예수께서 "돌을 옮겨 놓아라" 하시니. 죽은 사람의 누이 마르다가 말하였다. "주님. 죽은 지가 나흘이나 되어서. 벌써 냄새

가 납니다."

40 예수께서 마르다에게 말씀하셨다. "네가 믿으면 하나님의 영광을 보게 되리라고, 내가 네게 말하지 않았느냐?"

41 사람들이 그 돌을 옮겨 놓았다. 예수께서 하늘을 우러러 보시고 말씀하셨다. "아버지, 내 말을 들어주신 것을 감사드립니다.

42 아버지께서는 언제나 내 말을 들어주신다는 것을 압니다. 그런데도 이렇게 말씀을 드리는 것은, 둘러선 무리를 위해서입니다. 그들로 하여금 아버지께서 나를 보내신 것을 믿게 하려는 것입니다."

43 이렇게 말씀하신 다음에, 큰 소리로 "나사로야, 나오너라" 하고 외치시니.

44 죽었던 사람이 나왔다. 손발은 천으로 감겨 있고, 얼굴은 수건으로 싸매여 있었다. 예수께서 그들에게 "그를 풀어 주어서, 가게 하여라" 하고 말씀하셨다.

예수를 죽이려는 음모
(마 26:1-5; 막 14:1-2; 눅 22:1-2)

45 마리아에게 왔다가 예수께서

하신 일을 본 유대 사람들 가운데서 많은 사람이 예수를 믿게 되었다.

46 그러나 그 가운데 몇몇 사람은 바리새파 사람들에게 가서, 예수가 하신 일을 그들에게 알렸다.

47 그래서 대제사장들과 바리새파 사람들은 공의회를 소집하여 말하였다. "이 사람이 표징을 많이 행하고 있으니, 어떻게 하면 좋겠습니까?

48 이 사람을 그대로 두면 모두 그를 믿게 될 것이요, 그렇게 되면 로마 사람들이 와서 우리의 땅과 민족을 약탈할 것입니다."

49 그 가운데 한 사람으로서, 그 해의 대제사장인 가야바가 그들에게 말하였다. "당신들은 아무것도 모르오.

50 한 사람이 백성을 위하여 죽어서 민족 전체가 망하지 않는 것이, 당신들에게 유익하다는 것을 생각하지 못하고 있소."

51 이 말은, 가야바가 자기 생각으로 한 것이 아니라, 그 해의 대제사장으로서, 예수가 민족을 위하여 죽으실 것을 예언한 것

이니.

52 민족을 위한 뿐만 아니라, 흩어져 있는 하나님의 자녀를 한데 모아서 하나가 되게 하기 위하여 죽으실 것을 예언한 것이다.

53 그들은 그 날로부터 예수를 죽이려고 모의하였다.

54 그래서 예수께서는 유대 사람들 가운데로 더 이상 드러나게 다니지 아니하시고, 거기에서 떠나, 광야에서 가까운 지방 에브라임이라는 마을로 가서, 제자들과 함께 지내셨다.

55 유대 사람들의 유월절이 가까이 다가오니, 많은 사람이 자기의 몸을 성결하게 하려고, 유월절 전에 시골에서 예루살렘으로 올라왔다.

56 그들은 예수를 찾다가, 성전 뜰에 서서 서로 말하였다. "당신들은 어떻게 생각합니까? 그가 명절을 지키러 오지 않겠습니까?"

57 대제사장들과 바리새파 사람들은 예수를 잡으려고, 누구든지 그가 있는 곳을 알거든 알려 달라는 명령을 내려 두었다.

한 여자가 예수의 발에 향유를 붓다

(마 26:6-13; 막 14:3-9)

12 유월절 엿새 전에, 예수께서 베다니에 가셨다. 그 곳은 예수께서 죽은 사람 가운데에 살리신 나사로가 사는 곳이다.

2 거기서 예수를 위하여 잔치를 베풀었는데, 마르다는 시중을 들고 있었고, 나사로는 식탁에서 예수와 함께 음식을 먹고 있는 사람 가운데 끼여 있었다.

3 그 때에 마리아가 매우 값진 순 나드 향유 한 근을 가져다가 예수의 발에 붓고, 자기 머리털로 그 발을 닦았다. 온 집 안에 향유 냄새가 가득 찼다.

4 예수의 제자 가운데 하나이며 장차 예수를 넘겨줄 가룟 유다가 말하였다.

5 "이 향유를 삼백 데나리온에 팔아서 가난한 사람들에게 주지 않고, 왜 이렇게 낭비하는가?"

6 (그가 이렇게 말한 것은, 가난한 사람을 생각해서가 아니다. 그는 도둑이어서 돈자루를 맡아 가지고 있으면서, 거기에 든 것을 훔쳐내곤 하였기 때문이다.)

7 예수께서 말씀하셨다. "그대로 두어라. 그는 나의 장사 날에 쓰려고 간직한 것을 쓴 것이다.

8 가난한 사람들은 언제나 너희와 함께 있지만, 나는 언제나 너희와 함께 있는 것이 아니다."

나사로를 해하려고 모의하다

9 유대 사람들이 예수가 거기에 계신다는 것을 알고, 크게 떼를 지어 몰려왔다. 그들은 예수를 보려는 것만이 아니라, 그가 죽은 사람들 가운데서 다시 살리신 나사로를 보려는 것이었다.

10 그래서 대제사장들은 나사로도 죽이려고 모의하였다.

11 그것은 나사로 때문에 많은 유대 사람이 떨어져 나가서, 예수를 믿었기 때문이다.

예루살렘 입성

(마 21:1-11; 막 11:1-11; 눅 19:28-40)

12 다음날에는 명절을 지키러 온 많은 무리가, 예수께서 예루살렘에 들어오신다는 말을 듣고,

13 종려나무 가지를 꺾어 들고, 그분을 맞으러 나가서
"호산나! 주님의 이름으로 오시는 이에게 복이 있기를! 이스라엘의 왕에게 복

이 있기를!"
하고 외쳤다.

14 예수께서 어린 나귀를 보시고, 그 위에 올라타셨다. 그것은 이렇게 기록한 성경 말씀과 같았다.

15 "시온의 딸아, 두려워하지 말아라. 보아라, 네 임금이 어린 나귀를 타고 오신다."

16 제자들은 처음에는 이 말씀을 깨닫지 못하였으나, 예수께서 영광을 받으신 뒤에야 이것이 예수를 두고 기록한 것이며, 또 사람들도 그에게 그렇게 대하였다는 것을 회상하였다.

17 또 예수께서 무덤에서 나사로를 불러내어 죽은 사람들 가운데서 살리실 때에 함께 있던 사람들이, 그 일어난 일을 증언하였다.

18 이렇게 무리가 예수를 맞으러 나온 것은, 예수가 이런 표징을 행하셨다는 말을 들었기 때문이다.

19 그래서 바리새파 사람들이 서로 말하였다. "이제 다 틀렸소. 보시오, 온 세상이 그를 따라갔소."

예수를 보러 온 그리스 사람들

20 명절에 예배하러 올라온 사람들 가운데 그리스 사람이 몇 있었는데.

21 그들은 갈릴리 벳새다 출신 빌립에게로 가서 청하였다. "선생님, 우리가 예수를 뵙고 싶습니다."

22 빌립은 안드레에게로 가서 말하고, 안드레와 빌립은 예수께 그 말을 전하였다.

23 예수께서 그들에게 대답하셨다. "인자가 영광을 받을 때가 왔다.

24 내가 진정으로 진정으로 너희에게 말한다. 밀알 하나가 땅에 떨어져서 죽지 않으면 한 알 그대로 있고, 죽으면 열매를 많이 맺는다.

25 자기의 목숨을 사랑하는 사람은 잃을 것이요, 이 세상에서 자기의 목숨을 미워하는 사람은, 영생에 이르도록 그 목숨을 보존할 것이다.

26 나를 섬기려고 하는 사람은, 누구든지 나를 따라오너라. 내가 있는 곳에는, 나를 섬기는 사람도 나와 함께 있을 것이다. 누구든지 나를 섬기면, 내 아버지께서 그를 높여주실 것이다."

인자는 들려야 한다

27 "지금 내 마음이 괴로우니, 무슨 말을 하여야 할까? '아버지, 이 시간을 벗어나게 하여 주십시오' 하고 말할까? 아니다. 나는 바로 이 일 때문에 이 때에 왔다.

28 아버지, 아버지의 이름을 영광스럽게 드러내십시오." 그 때에 하늘에서 소리가 들려 왔다. "내가 이미 영광되게 하였고, 앞으로도 영광되게 하겠다."

29 거기에 서서 듣고 있던 무리 가운데서 더러는 천둥이 울렸다고 하고, 또 더러는 천사가 그에게 말하였다고 하였다.

30 예수께서 대답하셨다. "이 소리가 난 것은, 나를 위해서가 아니라 너희를 위해서이다.

31 지금은 이 세상이 심판을 받을 때이다. 이제는 이 세상의 통치자가 쫓겨날 것이다.

32 내가 땅에서 들려서 올라갈 때에, 나는 모든 사람을 내게로 이끌어 올 것이다."

33 이것은 예수께서 자기가 당하

심 죽음이 어떠한 것인지를 암 시하려고 하신 말씀이다.

34 그 때에 무리가 예수께 말하였다. "우리는 율법에서 그리스도는 영원히 살아 계시다는 것을 배웠습니다. 그런데 어떻게 당신은 인자가 들려야 한다고 말씀하십니까? 인자가 누구입니까?"

35 예수께서 그들에게 대답하셨다. "아직 얼마 동안은 빛이 너희 가운데 있을 것이다. 빛이 있는 동안에 걸어다녀라. 어둠이 너희를 이기지 못하게 하여라. 어둠 속을 다니는 사람은 자기가 어디로 가는지를 모른다.

36 빛이 있는 동안에 너희는 그 빛을 믿어서, 빛의 자녀가 되어라."

유대 사람들의 불신앙

이 말씀을 하신 뒤에, 예수께서는 그들을 떠나서 몸을 숨기셨다.

37 예수께서 그렇게 많은 표징을 그들 앞에 행하셨으나, 그들은 예수를 믿지 아니하였다.

38 그리하여 예언자 이사야가 한 말이 이루어졌다.

"주님, 우리가 전한 것을 누가 믿었으며, 주님의 팔이 누구에게 나타났습니까?"

39 그들이 믿을 수 없었던 까닭을, 이사야가 또 이렇게 말하였다.

40 "주님께서 그들의 눈을 멀게 하시고, 그들의 마음을 무디게 하셨다. 그것은 그들이 눈이 있어도 보지 못하게 하고, 마음으로 깨달아서 돌아서지 못하게 하여, 나에게 고침을 받지 못하게 하려는 것이다."

41 이사야가 이렇게 말한 것은, 그가 예수의 영광을 보았기 때문이다. 이 말은 그가 예수를 가리켜서 한 것이다.

42 지도자 가운데서도 예수를 믿는 사람이 많이 생겼으나, 그들은 바리새파 사람들 때문에, 믿는다는 사실을 드러내지는 못하였다. 그것은, 그들이 회당에서 쫓겨날까봐 두려워하였기 때문이다.

43 그들은 하나님의 영광보다도 사람의 영광을 더 사랑하였다.

마지막 날과 심판

44 예수께서 큰 소리로 말씀하셨

다. "나를 믿는 사람은 나를 믿
는 것이 아니라 나를 보내신 분
을 믿는 것이요.

45 나를 보는 사람은 나를 보내신
분을 보는 것이다.

46 나는 빛으로서 세상에 왔다. 그
것은, 나를 믿는 사람은 아무도
어둠 속에 머무르지 않도록 하
려는 것이다.

47 어떤 사람이 내 말을 듣고서
그것을 지키지 않는다 하더라
도, 나는 그를 심판하지 아니한
다. 나는 세상을 심판하러 온
것이 아니라 구원하러 왔다.

48 나를 배척하고 내 말을 받아들
이지 않는 사람을 심판하시는
분이 따로 계시다. 내가 말한
바로 이 말이, 마지막 날에 그
를 심판할 것이다.

49 나는 내 마음대로 말한 것이
아니다. 나를 보내신 아버지께
서, 내가 무엇을 말해야 하고,
또 무엇을 이야기해야 하는가
를, 친히 나에게 명령해 주셨
다.

50 나는 그의 명령이 영생인 줄
안다. 그러므로 나는 무엇이든지
아버지께서 나에게 말씀하여

주신 대로 말할 뿐이다."

제자들의 발을 씻기시다

13 유월절 전에 예수께서는, 자
기가 이 세상을 떠나서 아버
지께로 가야 할 때가 된 것을
아시고, 세상에 있는 자기의 사
람들을 사랑하시되, 끝까지 사
랑하셨다.

2 저녁을 먹을 때에, 악마가 이
미 시몬 가룟의 아들 유다의
마음 속에 예수를 팔아 넘길
생각을 불어넣었다.

3 예수께서는, 아버지께서 모든
것을 자기 손에 맡기신 것과
자기가 하나님께로부터 왔다가
하나님께로 돌아간다는 것을
아시고,

4 잡수시던 자리에서 일어나서,
겉옷을 벗고, 수건을 가져다가
허리에 두르셨다.

5 그리고 대야에 물을 담아다가,
제자들의 발을 씻기시고, 그 두
른 수건으로 닦아주셨다.

6 시몬 베드로의 차례가 되었다.
이 때에 베드로가 예수께 말하
였다. "주님, 주님께서 내 발을
씻기시렵니까?"

7 예수께서 그에게 대답하셨다.

"내가 하는 일을 지금은 네가 알지 못하나, 나중에는 알게 될 것이다."

8 베드로가 다시 예수께 말하였다. "아닙니다. 내 발은 절대로 씻기지 못하십니다." 예수께서 그에게 말씀하셨다. "내가 너를 씻기지 아니하면, 너는 나와 상관이 없다."

9 그러자 시몬 베드로는 예수께 이렇게 말하였다. "주님, 내 발뿐만이 아니라, 손과 머리까지도 씻겨 주십시오."

10 예수께서 그에게 말씀하셨다. "이미 목욕한 사람은 온 몸이 깨끗하니, 발 밖에는 더 씻을 필요가 없다. 너희는 깨끗하다. 그러나, 다 그런 것은 아니다."

11 예수께서는 자기를 팔아 넘길 사람을 알고 계셨다. 그러므로 "너희가 다 깨끗한 것은 아니다" 하고 말씀하신 것이다.

12 예수께서 제자들의 발을 씻겨 주신 뒤에, 옷을 입으시고 식탁에 다시 앉으셔서, 그들에게 말씀하셨다. "내가 너희에게 한 일을 알겠느냐?

13 너희가 나를 선생님 또는 주님이라고 부르는데, 그것은 옳은 말이다. 내가 사실로 그러하다.

14 주이며 선생인 내가 너희의 발을 씻겨 주었으니, 너희도 서로 남의 발을 씻겨 주어야 한다.

15 내가 너희에게 한 것과 같이, 너희도 이렇게 하라고, 내가 본을 보여 준 것이다.

16 내가 진정으로 진정으로 너희에게 말한다. 종이 주인보다 높지 않으며, 보냄을 받은 사람이 보낸 사람보다 높지 않다.

17 너희가 이것을 알고 그대로 하면, 복이 있다.

18 나는 너희 모두를 가리켜서 말하는 것이 아니다. 나는 내가 택한 사람들을 안다. 그러나 '내 빵을 먹는 자가 나를 배반하였다' 한 성경 말씀이 이루어질 것이다.

19 내가 그 일이 일어나기 전에 너희에게 미리 말하는 것은, 그 일이 일어날 때에, 너희로 하여금 '내가 곧 나'임을 믿게 하려는 것이다.

20 내가 진정으로 진정으로 너희에게 말한다. 내가 보내는 사람을 영접하는 사람은 나를 영접

하는 사람이요, 나를 영접하는 사람은 나를 보내신 분을 영접하는 사람이다."

배신 당하실 것을 예고하시다

(마 26:20-25; 막 14:17-21; 눅 22:21-23)

21 예수께서 이 말씀을 하시고 나서, 마음이 괴로우셔서, 환히 드러내어 말씀하셨다. "내가 진정으로 진정으로 너희에게 말한다. 너희 가운데 한 사람이 나를 팔아 넘길 것이다."

22 제자들은 예수께서, 누구를 두고 하시는 말씀인지 몰라서, 서로 바라다보았다.

23 제자들 가운데 한 사람, 곧 예수께서 사랑하시는 제자가 바로 예수의 품에 기대어 앉아 있었다.

24 시몬 베드로가 그에게 고갯짓을 하여, 누구를 두고 하시는 말씀인지 여쭈어 보라고 하였다.

25 그 제자가 예수의 가슴에 바싹 기대어 "주님, 그가 누구입니까?" 하고 물었다.

26 예수께서 대답하셨다. "내가 이 빵조각을 적셔서 주는 사람이 바로 그 사람이다." 그리고 그 빵조각을 적셔서 시몬 가룟의 아들 유다에게 주셨다.

27 그가 빵조각을 받자, 사탄이 그에게 들어갔다. 그 때에 예수께서 유다에게 말씀하셨다. "네가 할 일을 어서 하여라."

28 그러나 거기 앉아 있는 사람들 가운데서 아무도, 예수께서 그에게 무슨 뜻으로 그런 말씀을 하셨는지를 알지 못하였다.

29 어떤 이들은, 유다가 돈자루를 맡고 있으므로, 예수께서 그에게 명절에 그 일행이 쓸 물건을 사라고 하셨거나, 또는 가난한 사람들에게 무엇을 주라고 말씀하신 것으로 생각하였다.

30 유다는 그 빵조각을 받고 나서, 곧 나갔다. 때는 밤이었다.

새 계명

31 유다가 나간 뒤에, 예수께서 말씀하셨다. "이제는 인자가 영광을 받았고, 하나님께서도 인자로 말미암아 영광을 받으셨다.

32 [하나님께서 인자로 말미암아 영광을 받으셨으면,] 하나님께서도 몸소 인자를 영광되게 하실 것이다. 이제 곧 그렇게 하실 것이다.

33 어린 자녀들아, 아직 잠시 동안은 내가 너희와 함께 있겠다. 그러나 너희가 나를 찾을 것이다. 내가 일찍이 유대 사람들에게 '내가 가는 곳에 너희는 올 수 없다' 하고 말한 것과 같이, 지금 나는 너희에게도 말하여 둔다.

34 이제 나는 너희에게 새 계명을 준다. 서로 사랑하여라. 내가 너희를 사랑한 것 같이, 너희도 서로 사랑하여라.

35 너희가 서로 사랑하면, 모든 사람이 그것으로써 너희가 내 제자인 줄을 알게 될 것이다."

베드로의 부인을 예고하시다

(마 26:31-35; 막 14:27-31; 눅 22:31-34)

36 시몬 베드로가 예수께 물었다. "주님, 어디로 가십니까?" 예수께서 대답하셨다. "내가 가는 곳에 네가 지금은 따라올 수 없으나, 나중에는 따라올 수 있을 것이다."

37 베드로가 예수께 말하였다. "주님, 왜 지금은 내가 따라갈 수 없습니까? 나는 주님을 위하여서는 내 목숨이라도 바치겠습니다."

38 예수께서 대답하셨다. "네가 나를 위하여 네 목숨이라도 바치겠다는 말이냐? 내가 진정으로 진정으로 너에게 말한다. 닭이 울기 전에, 너는 세 번 나를 모른다고 할 것이다."

예수는 하나님께 이르는 길

14 "너희는 마음에 근심하지 말아라. 하나님을 믿고 또 나를 믿어라.

2 내 아버지의 집에는 있을 곳이 많다. 그렇지 않다면, 내가 너희가 있을 곳을 마련하러 간다고 너희에게 말했겠느냐? 나는 너희가 있을 곳을 마련하러 간다.

3 내가 가서 너희가 있을 곳을 마련하면, 다시 와서 너희를 나에게로 데려다가, 내가 있는 곳에 너희도 함께 있게 하겠다.

4 너희는 내가 어디로 가는지 그 길을 알고 있다."

5 도마가 예수께 말하였다. "주님, 우리는 주님께서 어디로 가시는지도 모르는데, 어떻게 그 길을 알겠습니까?"

6 예수께서 그에게 말씀하셨다. "나는 길이요, 진리요, 생명이다.

나를 거치지 않고서는, 아무도 아버지께로 갈 사람이 없다.

7 너희가 나를 알았더라면 내 아버지도 알았을 것이다. 이제 너희는 내 아버지를 알고 있으며, 그분을 이미 보았다."

8 빌립이 예수께 말하였다. "주님, 우리에게 아버지를 보여 주십시오. 그러면 좋겠습니다."

9 예수께서 대답하셨다. "빌립아, 내가 이렇게 오랫동안 너희와 함께 지냈는데도, 너는 나를 알지 못하느냐? 나를 본 사람은 아버지를 보았다. 그런데 네가 어찌하여 '우리에게 아버지를 보여 주십시오' 하고 말하느냐?

10 내가 아버지 안에 있고 아버지께서 내 안에 계시다는 것을, 네가 믿지 않느냐? 내가 너희에게 하는 말은 내 마음대로 하는 것이 아니다. 아버지께서 내 안에 계시면서 자기의 일을 하신다.

11 내가 아버지 안에 있고, 아버지께서 내 안에 계시다는 것을 믿어라. 믿지 못하겠거든 내가 하는 그 일들을 보아서라도 믿어라.

12 내가 진정으로 진정으로 너희에게 말한다. 나를 믿는 사람은 내가 하는 일을 그도 할 것이요, 그보다 더 큰 일도 할 것이다. 그것은 내가 아버지께로 가기 때문이다.

13 너희가 내 이름으로 구하는 것은, 내가 무엇이든지 다 이루어 주겠다. 이것은 아들로 말미암아 아버지께서 영광을 받으시게 하려는 것이다.

14 너희가 무엇이든지 내 이름으로 구하면, 내가 다 이루어 주겠다."

성령의 약속

15 "너희가 나를 사랑하면, 내 계명을 지킬 것이다.

16 내가 아버지께 구하겠다. 그리하면 아버지께서 다른 보혜사를 너희에게 보내셔서, 영원히 너희와 함께 계시게 하실 것이다.

17 그는 진리의 영이시다. 세상은 그를 보지도 못하고 알지도 못하므로, 그를 맞아들일 수가 없다. 그러나 너희는 그를 안다. 그것은, 그가 너희와 함께 계시고, 또 너희 안에 계실 것이기

때문이다.

18 나는 너희를 고아처럼 버려 두지 아니하고, 너희에게 다시 오겠다.

19 조금 있으면, 세상이 나를 보지 못할 것이다. 그러나 너희는 나를 보게 될 것이다. 그것은 내가 살아 있고, 너희도 살아 있을 것이기 때문이다.

20 그 날에 너희는, 내가 내 아버지 안에 있고, 너희가 내 안에 있으며, 또 내가 너희 안에 있음을 알게 될 것이다.

21 내 계명을 받아서 지키는 사람은 나를 사랑하는 사람이요, 나를 사랑하는 사람은 내 아버지의 사랑을 받을 것이다. 그리고 나도 그 사람을 사랑하여, 그에게 나를 드러낼 것이다."

22 가룟 유다가 아닌 다른 유다가 물었다. "주님, 주님께서 우리에게는 자신을 드러내시고, 세상에는 드러내려고 하지 않으시는 것은 무슨 까닭입니까?"

23 예수께서 그에게 대답하셨다. "누구든지 나를 사랑하는 사람은 내 말을 지킬 것이다. 그리하면 내 아버지께서 그 사람

을 사랑하실 것이요, 내 아버지와 나는 그 사람에게로 가서 그 사람과 함께 살 것이다.

24 나를 사랑하지 않는 사람은 내 말을 지키지 아니한다. 너희가 듣고 있는 이 말은, 내 말이 아니라, 나를 보내신 아버지의 말씀이다."

25 "내가 너희와 함께 있는 동안에, 나는 이 말을 너희에게 말하였다.

26 그러나 보혜사, 곧 아버지께서 내 이름으로 보내실 성령께서, 너희에게 모든 것을 가르쳐 주실 것이며, 또 내가 너희에게 말한 모든 것을 생각나게 하실 것이다.

27 나는 평화를 너희에게 남겨 준다. 나는 내 평화를 너희에게 준다. 내가 너희에게 주는 평화는 세상이 주는 것과 같지 않다. 너희는 마음에 근심하지 말고, 두려워하지도 말아라.

28 너희는 내가 갔다가 너희에게로 다시 온다고 한 내 말을 들었다. 너희가 나를 사랑한다면, 내가 아버지께로 가는 것은 기뻐했을 것이다. 내 아버지는 나

보다 크신 분이기 때문이다.

29 지금 나는 그 일이 일어나기 전에 미리 너희에게 말하였다. 이것은 그 일이 일어날 때에 너희로 하여금 믿게 하려는 것이다.

30 나는 너희와 더 이상 말을 많이 하지 않겠다. 이 세상의 통치자가 가까이 오고 있기 때문이다. 그는 나를 어떻게 할 아무런 권한이 없다.

31 다만 내가 아버지를 사랑한다는 것과, 아버지께서 내게 분부하신 그대로 내가 행한다는 것을, 세상에 알리려는 것이다. 일어나거라. 여기에서 떠나자."

나는 참 포도나무이다

15 "나는 참 포도나무요, 내 아버지는 농부이시다.

2 내게 붙어 있으면서도 열매를 맺지 못하는 가지는, 아버지께서 다 잘라 버리시고, 열매를 맺는 가지는 더 많은 열매를 맺게 하시려고 손질하신다.

3 너희는, 내가 너희에게 말한 그 말로 말미암아 이미 깨끗하게 되었다.

4 내 안에 머물러 있어라. 그리하

면 나도 너희 안에 머물러 있겠다. 가지가 포도나무에 붙어 있지 아니하면 스스로 열매를 맺을 수 없는 것과 같이, 너희도 내 안에 머물러 있지 아니하면 열매를 맺을 수 없다.

5 나는 포도나무요, 너희는 가지이다. 사람이 내 안에 머물러 있고, 내가 그 안에 머물러 있으면, 그는 많은 열매를 맺는다. 너희는 나를 떠나서는 아무것도 할 수 없다.

6 사람이 내 안에 머물러 있지 아니하면, 그는 쓸모 없는 가지처럼 버림을 받아서 말라 버린다. 사람들이 그것을 모아다가, 불에 던져서 태워 버린다.

7 너희가 내 안에 머물러 있고, 내 말이 너희 안에 머물러 있으면, 너희가 무엇을 구하든지 다 그대로 이루어질 것이다.

8 너희가 열매를 많이 맺어서 내 제자가 되면, 이것으로 내 아버지께서 영광을 받으실 것이다.

9 아버지께서 나를 사랑하신 것과 같이, 나도 너희를 사랑하였다. 너희는 내 사랑 안에 머물러 있어라.

4

10 너희가 내 계명을 지키면, 내 사랑 안에 머물러 있을 것이다. 그것은 마치 내가 내 아버지의 계명을 지켜서, 그 사랑 안에 머물러 있는 것과 같다.

11 내가 너희에게 이러한 말을 한 것은, 내 기쁨이 너희 안에 있게 하고, 또 너희의 기쁨이 넘치게 하려는 것이다.

12 내 계명은 이것이다. 내가 너희를 사랑한 것과 같이, 너희도 서로 사랑하여라.

13 사람이 자기 친구를 위하여 자기 목숨을 내놓는 것보다 더 큰 사랑은 없다.

14 내가 너희에게 명한 것을 너희가 행하면, 너희는 나의 친구이다.

15 이제부터는 내가 너희를 종이라고 부르지 않겠다. 종은 그의 주인이 무엇을 하는지를 알지 못한다. 나는 너희를 친구라고 불렀다. 내가 아버지에게서 들은 모든 것을 너희에게 알려 주었기 때문이다.

16 너희가 나를 택한 것이 아니라, 내가 너희를 택하여 세운 것이다. 그것은 너희가 가서 열매를 맺어, 그 열매가 언제나 남아 있게 하려는 것이다. 그리하여 너희가 내 이름으로 아버지께 구하는 것은 무엇이든지 다 받게 하려는 것이다.

17 내가 너희에게 명하는 것은 이것이다. 너희는 서로 사랑하여라."

세상이 너희를 미워할 것이다

18 "세상이 너희를 미워하거든, 세상이 너희보다 먼저 나를 미워하였다는 것을 알아라.

19 너희가 세상에 속하여 있다면, 세상이 너희를 자기 것으로 여겨 사랑할 것이다. 그러나 너희는 세상에 속하지 않았고 오히려 내가 너희를 세상에서 가려 뽑아냈으므로, 세상이 너희를 미워하는 것이다.

20 내가 너희에게 종이 그의 주인보다 높지 않다고 한 말을 기억하여라. 사람들이 나를 박해했으면 너희도 박해할 것이요, 또 그들이 내 말을 지켰으면 너희의 말도 지킬 것이다.

21 그들은 너희가 내 이름을 믿는다고 해서, 이런 모든 일을 너희에게 할 것이다. 그것은 그들

이 나를 보내신 분을 알지 못하기 때문이다.

22 내가 와서 그들에게 말해 주지 아니하였더라면, 그들에게는 죄가 없었을 것이다. 그러나 이제는 그들이 자기 죄를 변명할 길이 없다.

23 나를 미워하는 사람은 내 아버지까지도 미워한다.

24 내가 다른 아무도 하지 못한 일을 그들 가운데서 하지 않았더라면, 그들에게 죄가 없었을 것이다. 그러나 이제는 그들이 내가 한 일을 보고 나서도, 나와 내 아버지를 미워하였다.

25 그래서 그들의 율법에 '그들은 까닭 없이 나를 미워하였다'고 기록한 말씀이 이루어진 것이다.

26 내가 아버지께로부터 너희에게 보낼 보혜사 곧 아버지께로부터 오시는 진리의 영이 오시면, 그 영이 나를 위하여 증언하실 것이다.

27 너희도 처음부터 나와 함께 있었으므로, 나의 증인이 될 것이다."

16

1 "내가 너희에게 이 말을 한 것은, 너희를 넘어지지 않게 하려는 것이다.

2 사람들이 너희를 회당에서 내쫓을 것이다. 그리고 너희를 죽이는 사람마다, 자기네가 하는 그러한 일이 하나님을 섬기는 일이라고 생각할 때가 올 것이다.

3 그들은 아버지도 나도 알지 못하므로, 그런 일들을 할 것이다.

4 내가 너희에게 이 말을 하여 두는 것은, 그들이 그러한 일들을 행하는 때가 올 때에, 너희로 하여금 내가 너희에게 말한 사실을 다시 생각나게 하려는 것이다.

성령의 일

또 내가 이 말을 처음에 하지 않은 것은, 내가 너희와 함께 있었기 때문이다.

5 그러나 나는 지금 나를 보내신 분에게로 간다. 그런데 너희 가운데서 아무도 나더러 어디로 가느냐고 묻는 사람이 없고,

6 도리어 내가 한 말 때문에 너희 마음에는 슬픔이 가득 찼다.

7 그러나, 내가 너희에게 진심을 말하는데, 내가 떠나가는 것이 너희에게 유익하다. 내가 떠나

가지 않으면, 보혜사가 너희에게 오시지 않을 것이다. 그러나 내가 가면, 보혜사를 너희에게 보내주겠다.

8 그가 오시면, 죄와 의와 심판에 대하여 세상의 잘못을 깨우치실 것이다.

9 죄에 대하여 깨우친다고 함은 세상 사람들이 나를 믿지 않기 때문이요,

10 의에 대하여 깨우친다고 함은 내가 아버지께로 가고 너희가 나를 더 이상 못 볼 것이기 때문이요,

11 심판에 대하여 깨우친다고 함은 이 세상의 통치자가 심판을 받았기 때문이다.

12 아직도, 내가 너희에게 할 말이 많으나, 너희가 지금은 감당하지 못한다.

13 그러나 그분 곧 진리의 영이 오시면, 그가 너희를 모든 진리 가운데로 인도하실 것이다. 그는 자기 마음대로 말씀하지 않으시고, 듣는 것만 일러 주실 것이요, 앞으로 올 일들을 너희에게 알려 주실 것이다.

14 또 그는 나를 영광되게 하실 것이다. 그가 나의 것을 받아서, 너희에게 알려 주실 것이기 때문이다.

15 아버지께서 가지신 것은 다 나의 것이다. 그렇기 때문에 내가, 성령이 나의 것을 받아서 너희에게 알려 주실 것이라고 말한 것이다."

근심이 기쁨으로 변할 것이다

16 "조금 있으면 너희는 나를 보지 못할 것이다. 그러나 또 조금 있으면 나를 볼 것이다."

17 그의 제자 가운데서 몇몇이 서로 말하였다. "그가 우리에게 '조금 있으면 나를 보지 못하게 되고, 또 조금 있으면 나를 볼 것이다' 하신 말씀이나, '내가 아버지께로 가기 때문에'라고 하신 말씀은 무슨 뜻일까?"

18 그들은 말하기를 "도대체 '조금 있으면'이라는 말씀이 무슨 뜻일까? 우리는, 그가 무엇을 말씀하시는지 모르겠다" 하였다.

19 예수께서는, 제자들이 자기에게 물어보고 싶어하는 마음을 아시고, 그들에게 말씀하셨다. "내가, '조금 있으면, 너희가 나를 보지 못하게 되고, 또 조금

있으면 나를 볼 것이다' 한 말을 가지고 서로 논의하고 있느냐?

20 내가 진정으로 진정으로 너희에게 말한다. 너희는 울며 애통하겠으나, 세상은 기뻐할 것이다. 그러나 너희가 근심에 싸여도, 그 근심이 기쁨으로 변할 것이다.

21 여자가 해산할 때에는 근심에 잠긴다. 진통할 때가 왔기 때문이다. 그러나 아이를 낳으면, 사람이 세상에 태어났다는 기쁨 때문에, 그 고통을 더 이상 기억하지 않는다.

22 이와 같이, 지금 너희가 근심에 싸여 있지만, 내가 다시 너희를 볼 때에는, 너희의 마음이 기쁠 것이며, 그 기쁨을 너희에게서 빼앗을 사람이 없을 것이다.

23 그 날에는 너희가 나에게 아무 것도 묻지 않을 것이다. 내가 진정으로 진정으로 너희에게 말한다. 너희가 아버지께 구하는 것은, 무엇이나 아버지께서 내 이름으로 주실 것이다.

24 지금까지는 너희가 아무것도 내 이름으로 구하지 않았다. 구

하여라. 그러면 받을 것이다. 그래서 너희의 기쁨이 넘치게 될 것이다."

내가 세상을 이겼다

25 "지금까지는 이런 것들을 내가 너희에게 비유로 말하였으나, 다시는 내가 비유로 말하지 아니하고 아버지에 대하여 분명히 말해 줄 때가 올 것이다.

26 그 날에는 너희가 내 이름으로 아버지께 구할 것이다. 내가 너희를 위하여 아버지께 구하겠다는 말이 아니다.

27 아버지께서는 친히 너희를 사랑하신다. 그것은, 너희가 나를 사랑하였고, 또 내가 하나님께로부터 온 것을 믿었기 때문이다.

28 나는 아버지에게서 나와서 세상에 왔다. 나는 세상을 떠나서 아버지께로 간다."

29 그의 제자들이 말하였다. "보십시오, 이제 밝히어 말씀하여 주시고, 비유로 말씀하지 않으시니,

30 이제야 우리는, 선생님께서 모든 것을 알고 계시다는 것과, 누가 선생님께 물어볼 필요가 없을 정도로 환히 알려 주신다

는 것을 알았습니다. 이것으로 우리는 선생님이 하나님께로부터 오신 것을 믿습니다."

31 예수께서 대답하셨다. "이제는 너희가 믿느냐?

32 보아라. 너희가 나를 혼자 버려 두고, 제각기 자기 집으로 흩어져 갈 때가 올 것이다. 그 때가 벌써 왔다. 그런데 아버지께서 나와 함께 계시니, 나는 혼자 있는 것이 아니다.

33 내가 이것을 너희에게 말한 것은, 너희가 내 안에서 평화를 얻게 하려는 것이다. 너희는 세상에서 환난을 당할 것이다. 그러나 용기를 내어라. 내가 세상을 이겼다."

예수께서 기도하시다

17 예수께서 이 말씀을 마치시고, 눈을 들어 하늘을 우러러 보시고 말씀하셨다. "아버지, 때가 왔습니다. 아버지의 아들을 영광되게 하셔서, 아들이 아버지께 영광을 돌리게 하여 주십시오.

2 아버지께서는 아들에게 모든 사람을 다스리는 권세를 주셨습니다. 그것은 아들로 하여금

아버지께서 그에게 주신 모든 사람에게 영생을 주게 하려는 것입니다.

3 영생은 오직 한 분이신 참 하나님을 알고, 또 아버지께서 보내신 예수 그리스도를 아는 것입니다.

4 나는 아버지께서 내게 하라고 맡기신 일을 완성하여, 땅에서 아버지께 영광을 돌렸습니다.

5 아버지. 창세 전에 내가 아버지와 함께 누리던 그 영광으로, 나를 아버지 앞에서 영광되게 하여 주십시오.

6 나는, 아버지께서 세상에서 택하셔서 내게 주신 사람들에게 아버지의 이름을 드러냈습니다. 그들은 본래 아버지의 사람들인데, 아버지께서 그들을 나에게 주셨습니다. 그들은 아버지의 말씀을 지켰습니다.

7 지금 그들은, 아버지께서 내게 주신 모든 것이, 아버지께로부터 온 것임을 알고 있습니다.

8 나는 아버지께서 내게 주신 말씀을 그들에게 주었습니다. 그들은 그 말씀을 받아들였으며, 내가 아버지께로부터 온 것을

참으로 알았고, 또 아버지께서 나를 보내신 것을 믿었습니다.

9 나는 그들을 위하여 빕니다. 나는 세상을 위하여 비는 것이 아니고, 아버지께서 내게 주신 사람들을 위하여 빕니다. 그들은 모두 아버지의 사람들입니다.

10 나의 것은 모두 아버지의 것이고, 아버지의 것은 모두 나의 것입니다. 나는 그들로 말미암아 영광을 받았습니다.

11 나는 이제 더 이상 세상에 있지 않으나, 그들은 세상에 있습니다. 나는 아버지께로 갑니다. 거룩하신 아버지, 아버지께서 내게 주신 아버지의 이름으로 그들을 지켜주셔서, 우리가 하나인 것 같이, 그들도 하나가 되게 하여 주십시오.

12 내가 그들과 함께 지내는 동안은, 아버지께서 내게 주신 아버지의 이름으로 그들을 지키고 보호하였습니다. 그러므로 그들 가운데서는 한 사람도 잃지 않았습니다. 다만, 멸망의 자식만 잃은 것은 성경 말씀을 이루기 위함이었습니다.

13 이제 나는 아버지께로 갑니다.

내가 세상에서 이것을 아뢰는 것은, 내 기쁨이 그들 속에 차고 넘치게 하려는 것입니다.

14 나는 그들에게 아버지의 말씀을 주었는데, 세상은 그들을 미워하였습니다. 그것은, 내가 세상에 속하여 있지 않은 것과 같이, 그들도 세상에 속하여 있지 않기 때문입니다.

15 내가 아버지께 비는 것은, 그들을 세상에서 데려 가시는 것이 아니라, 악한 자에게서 그들을 지켜 주시는 것입니다.

16 내가 세상에 속하지 않은 것과 같이, 그들도 세상에 속하지 않았습니다.

17 진리로 그들을 거룩하게 하여 주십시오. 아버지의 말씀은 진리입니다.

18 아버지께서 나를 세상에 보내신 것과 같이, 나도 그들을 세상으로 보냈습니다.

19 그리고 내가 그들을 위하여 나를 거룩하게 하는 것은, 그들도 진리로 거룩하게 하려는 것입니다."

20 "나는 이 사람들을 위해서만 비는 것이 아니고, 이 사람들의

말을 듣고 나를 믿는 사람들을 위해서도 빕니다.

21 아버지, 아버지께서 내 안에 계시고, 내가 아버지 안에 있는 것과 같이, 그들도 하나가 되어서 우리 안에 있게 하여 주십시오. 그래서 아버지께서 나를 보내셨다는 것을, 세상이 믿게 하여 주십시오.

22 나는 아버지께서 내게 주신 영광을 그들에게 주었습니다. 그것은, 우리가 하나인 것과 같이, 그들도 하나가 되게 하려는 것입니다.

23 내가 그들 안에 있고, 아버지께서 내 안에 계신 것은, 그들이 완전히 하나가 되게 하려는 것입니다. 그것은 또, 아버지께서 나를 보내셨다는 것과, 아버지께서 나를 사랑하신 것과 같이 그들도 사랑하셨다는 것을, 세상이 알게 하려는 것입니다.

24 아버지, 아버지께서 내게 주신 사람들도, 내가 있는 곳에 나와 함께 있게 하여 주시고, 창세 전부터 아버지께서 나를 사랑하셔서 내게 주신 내 영광을, 그들도 보게 하여 주시기를 빕니다.

25 의로우신 아버지, 세상은 아버지를 알지 못하였으나, 나는 아버지를 알았으며, 이 사람들도 아버지께서 나를 보내신 것을 알고 있습니다.

26 나는 이미 그들에게 아버지의 이름을 알렸으며, 앞으로도 알리겠습니다. 그것은, 아버지께서 나를 사랑하신 그 사랑이 그들 안에 있게 하고, 나도 그들 안에 있게 하려는 것입니다."

배반당하고 잡히시다
(마 26:47-56; 막 14:43-50; 눅 22:47-53)

18 예수께서 이 말씀을 하신 뒤에, 제자들과 함께 기드론 골짜기 건너편으로 가셨다. 거기에는 동산이 하나 있었는데, 예수와 그 제자들이 거기에 들어가셨다.

2 예수가 그 제자들과 함께 거기서 여러 번 모이셨으므로, 예수를 넘겨줄 유다도 그 곳을 알고 있었다.

3 유다는 로마 군대 병정들과, 제사장들과 바리새파 사람들이 보낸 성전 경비병들을 데리고 그리로 갔다. 그들은 등불과 횃

불과 무기를 들고 있었다.

4 예수께서는 자기에게 닥쳐올 일을 모두 아시고, 앞으로 나서서 그들에게 물으셨다. "너희는 누구를 찾느냐?"

5 그들이 대답하였다. "나사렛 사람 예수요." 예수께서 그들에게 말씀하셨다. "내가 그 사람이다." 예수를 넘겨줄 유다도 그들과 함께 서 있었다.

6 예수께서 그들에게 "내가 그 사람이다" 하고 말씀하시니, 그들은 뒤로 물러나서 땅에 쓰러졌다.

7 다시 예수께서 그들에게 물으셨다. "너희는 누구를 찾느냐?" 그들이 대답하였다. "나사렛 사람 예수요."

8 예수께서 말씀하셨다. "내가 그 사람이라고 너희에게 이미 말하였다. 너희가 나를 찾거든, 이 사람들은 물러가게 하여라."

9 이렇게 말씀하신 것은, 예수께서 전에 '아버지께서 나에게 주신 사람을, 나는 한 사람도 잃지 않았습니다' 하신 그 말씀을 이루게 하시려는 것이었다.

10 시몬 베드로가 칼을 가지고 있

었는데, 그는 그것을 빼어 대제사장의 종을 쳐서, 오른쪽 귀를 잘라버렸다. 그 종의 이름은 말고였다.

11 그 때에 예수께서 베드로에게 말씀하셨다. "그 칼을 칼집에 꽂아라. 아버지께서 나에게 주신 이 잔을, 내가 어찌 마시지 않겠느냐?"

대제사장 앞에 서시다
(마 26:57-58; 막 14:53-54; 눅 22:54)

12 로마 군대 병정들과 그 부대장과 유대 사람들의 성전 경비병들이 예수를 잡아 묶어서

13 먼저 안나스에게로 끌고 갔다. 안나스는 그 해의 대제사장인 가야바의 장인인데,

14 가야바는 '한 사람이 온 백성을 위하여 죽는 것이 유익하다'고 유대 사람에게 조언한 사람이다.

베드로가 예수를 모른다고 하다
(마 26:69-70; 막 14:66-68; 눅 22:55-57)

15 시몬 베드로와 또 다른 제자 한 사람이 예수를 따라갔다. 그 제자는 대제사장과 잘 아는 사이라서, 예수를 따라 대제사장의 집 안뜰에까지 들어갔다.

16 그러나 베드로는 대문 밖에 서 있었다. 그런데 대제사장과 잘 아는 사이인 그 다른 제자가 나와서, 문지기 하녀에게 말하고, 베드로를 데리고 들어갔다.

17 그 때에 문지기 하녀가 베드로에게 말하였다. "당신도 이 사람의 제자 가운데 한 사람이지요?" 베드로는 "아니오" 하고 대답하였다.

18 날이 추워서, 종들과 경비병들이 숯불을 피워 놓고 서서 불을 쬐고 있는데, 베드로도 그들과 함께 서서 불을 쬐고 있었다.

대제사장이 예수를 신문하다

(마 26:59-66; 막 14:55-64; 눅 22:66-71)

19 대제사장은 예수께 그의 제자들과 그의 가르침에 관하여 물었다.

20 예수께서 대답하셨다. "나는 드러내 놓고 세상에 말하였소. 나는 언제나 모든 유대 사람이 모이는 회당과 성전에서 가르쳤으며, 아무것도 숨어서 말한 것이 없소.

21 그런데 어찌하여 나에게 묻소? 내가 무슨 말을 하였는지를, 들은 사람들에게 물어 보시오. 내가 말한 것을 그들이 알고 있소."

22 예수께서 이렇게 말씀하시니, 경비병 한 사람이 곁에 서 있다가 "대제사장에게 그게 무슨 대답이냐?" 하면서, 손바닥으로 예수를 때렸다.

23 예수께서 그 사람에게 말씀하셨다. "내가 한 말에 잘못이 있으면, 잘못되었다는 증거를 대시오. 그러나 내가 한 말이 옳다면, 어찌하여 나를 때리시오?"

24 안나스는 예수를 묶은 그대로 대제사장 가야바에게로 보냈다.

다시 예수를 모른다고 한 베드로

(마 26:71-75; 막 14:69-72; 눅 22:58-62)

25 시몬 베드로는 서서, 불을 쬐고 있었다. 사람들이 그에게 물었다. "당신도 그의 제자 가운데 한 사람이지요?" 베드로가 부인하여 "나는 아니오!" 하고 말하였다.

26 베드로에게 귀를 잘린 사람의 친척으로서, 대제사장의 종 가운데 한 사람이 베드로에게 말하였다. "당신이 동산에서 그와

함께 있는 것을 내가 보았는데 그러시오?"

27 베드로가 다시 부인하였다. 그러자 곧 닭이 울었다.

빌라도 앞에 서시다

(마 27:1-2, 11-14; 막 15:1-5; 눅 23:1-5)

28 사람들이 가야바의 집에서 총독 관저로 예수를 끌고 갔다. 때는 이른 아침이었다. 그들은 몸을 더럽히지 않고 유월절 음식을 먹기 위하여 관저 안에는 들어가지 않았다.

29 빌라도가 그들에게 나와서 "당신들은 이 사람을 무슨 일로 고발하는 거요?" 하고 물었다.

30 그들이 빌라도에게 대답하였다. "이 사람이 악한 일을 하는 사람이 아니라면, 우리가 총독님께 넘기지 않았을 것입니다."

31 빌라도가 그들에게 말하였다. "그를 데리고 가서, 당신들의 법대로 재판하시오." 유대 사람들이 "우리는 사람을 죽일 권한이 없습니다" 하고 대답하였다.

32 이렇게 하여, 예수께서 자기가 어떠한 죽음으로 죽을 것인가를 암시하여 주신 말씀이 이루어졌다.

33 빌라도가 다시 관저 안으로 들어가, 예수를 불러내서 물었다. "당신이 유대 사람들의 왕이오?"

34 예수께서 대답하셨다. "당신이 하는 그 말은 당신의 생각에서 나온 말이오? 그렇지 않으면, 나에 관하여 다른 사람들이 말하여 준 것이오?"

35 빌라도가 말하였다. "내가 유대 사람이란 말이오? 당신의 동족과 대제사장들이 당신을 나에게 넘겨주었소. 당신은 무슨 일을 하였소?"

36 예수께서 대답하셨다. "내 나라는 이 세상에 속한 것이 아니오. 나의 나라가 세상에 속한 것이라면, 나의 부하들이 싸워서, 나를 유대 사람들의 손에 넘어가지 않게 하였을 것이오. 그러나 사실로 내 나라는 이 세상에 속한 것이 아니오."

37 빌라도가 예수께 물었다. "그러면 당신은 왕이오?" 예수께서 대답하셨다. "당신이 말한 대로 나는 왕이오. 나는 진리를 증언하기 위하여 태어났으며, 진리를 증언하기 위하여 세상에

왔소. 진리에 속한 사람은, 누구나 내가 하는 말을 듣소."

38 빌라도가 예수께 "진리가 무엇이오?" 하고 물었다.

사형 선고를 받으시다

(마 27:15-31; 막 15:6-20; 눅 23:13-25)

빌라도는 이 말을 하고, 다시 유대 사람들에게로 나아와서 말하였다. "나는 그에게서 아무 죄도 찾지 못하였소.

39 유월절에는 내가 여러분에게 죄수 한 사람을 놓아주는 관례가 있소. 그러니 유대 사람들의 왕을 놓아주는 것이 어떻겠소?"

40 그들은 다시 큰 소리로 "그 사람이 아니오. 바라바를 놓아주시오" 하고 외쳤다. 바라바는 강도였다.

19 1 그 때에 빌라도는 예수를 데려다가 채찍으로 쳤다.

2 병정들은 가시나무로 왕관을 엮어서 예수의 머리에 씌우고, 자색 옷을 입힌 뒤에.

3 예수 앞으로 나와서 "유대인의 왕 만세!" 하고 소리치고, 손바닥으로 얼굴을 때렸다.

4 그 때에 빌라도가 다시 바깥으로 나와서, 유대 사람들에게 말하였다. "보시오. 내가 그 사람을 당신들 앞에 데려 오겠소. 나는 그에게서 아무 죄도 찾지 못했소. 나는 당신들이 그것을 알아주기를 바라오."

5 예수가 가시관을 쓰시고, 자색 옷을 입으신 채로 나오시니, 빌라도가 그들에게 "보시오, 이 사람이오" 하고 말하였다.

6 대제사장들과 경비병들이 예수를 보고 외쳤다. "십자가에 못 박으시오. 십자가에 못 박으시오." 그러자 빌라도는 그들에게 "당신들이 이 사람을 데려다가 십자가에 못 박으시오. 나는 이 사람에게서 아무 죄도 찾지 못했소" 하고 말하였다.

7 유대 사람들이 그에게 대답하였다. "우리에게는 율법이 있는데 그 율법을 따르면 그는 마땅히 죽어야 합니다. 그가 자기를 가리켜서 하나님의 아들이라고 하였기 때문입니다."

8 빌라도는 이 말을 듣고, 더욱 두려워서

9 다시 관저 안으로 들어가서 예수께 물었다. "당신은 어디서

왔소?" 예수께서는 그에게 아무 대답도 하지 않으셨다.

10 그래서 빌라도가 예수께 말하였다. "나에게 말을 하지 않을 작정이오? 나에게는 당신을 놓아줄 권한도 있고, 십자가에 처형할 권한도 있다는 것을 모르시오?"

11 예수께서 대답하셨다. "위에서 주지 않으셨더라면, 당신에게는 나를 어찌할 아무런 권한도 없을 것이오. 그러므로 나를 당신에게 넘겨준 사람의 죄는 더 크다 할 것이오."

12 이 말을 듣고서, 빌라도는 예수를 놓아주려고 힘썼다. 그러나 유대 사람들은 "이 사람을 놓아주면, 총독님은 황제 폐하의 충신이 아닙니다. 자기를 가리켜서 왕이라고 하는 사람은, 누구나 황제 폐하를 반역하는 자입니다" 하고 외쳤다.

13 빌라도는 이 말을 듣고, 예수를 데리고 나와서, 리토스트론이라고 부르는 재판석에 앉았다. (리토스트론은 히브리 말로 가바다인데, '돌을 박은 자리'라는 뜻이다.)

14 그 날은 유월절 준비일이고, 때는 낮 열두 시쯤이었다. 빌라도가 유대 사람들에게 말하였다. "보시오, 당신들의 왕이오."

15 그들이 외쳤다. "없애 버리시오! 없애 버리시오! 그를 십자가에 못박으시오!" 빌라도가 그들에게 말하였다. "당신들의 왕을 십자가에 못박으란 말이오?" 대제사장들이 대답하였다. "우리에게는 황제 폐하 밖에는 왕이 없습니다."

16 이리하여 이제 빌라도는 예수를 십자가에 처형하라고 그들에게 넘겨주었다.

십자가에 못박히시다

(마 27:32-44; 막 15:21-32; 눅 23:26-43)

그들은 예수를 넘겨받았다.

17 예수께서 십자가를 지시고 '해골'이라 하는 데로 가셨다. 그 곳은 히브리 말로 골고다라고 하였다.

18 거기서 그들은 예수를 십자가에 못박았다. 그리고 다른 두 사람도 예수와 함께 십자가에 달아서, 예수를 가운데로 하고, 좌우에 세웠다.

19 빌라도는 또한 명패도 써서, 십

자가에 붙였다. 그 명패에는 '유대인의 왕 나사렛 사람 예수'라고 썼다.

20 예수께서 십자가에 달리신 곳은 도성에서 가까우므로, 많은 유대 사람이 이 명패를 읽었다. 그것은, 히브리 말과 로마 말과 그리스 말로 적혀 있었다.

21 유대 사람들의 대제사장들이 빌라도에게 말하기를 "'유대인의 왕'이라고 쓰지 말고, '자칭 유대인의 왕'이라고 쓰십시오" 하였으나,

22 빌라도는 "나는 쓸 것을 썼다" 하고 대답하였다.

23 병정들이 예수를 십자가에 못 박은 뒤에, 그의 옷을 가져다가 네 몫으로 나누어서, 한 사람이 한 몫씩 차지하였다. 그리고 속옷은 이음새 없이 위에서 아래까지 통째로 짠 것이므로

24 그들은 서로 말하기를 "이것은 찢지 말고, 누가 차지할지 제비를 뽑자" 하였다. 이는 '그들이 나의 겉옷을 서로 나누어 가지고, 나의 속옷을 놓고서는 제비를 뽑았다'

하는 성경 말씀이 이루어지게 하려는 것이었다. 그러므로 병정들이 이런 일을 하였다.

25 그런데 예수의 십자가 곁에는 예수의 어머니와 이모와 글로바의 아내 마리아와 막달라 사람 마리아가 서 있었다.

26 예수께서는 자기 어머니와 그 곁에 서 있는 사랑하는 제자를 보시고, 어머니에게 "어머니, 이 사람이 어머니의 아들입니다" 하고 말씀하시고,

27 그 다음에 제자에게는 "자, 이분이 네 어머니시다" 하고 말씀하셨다. 그 때부터 그 제자는 그를 자기 집으로 모셨다.

예수께서 숨을 거두시다

(마 27:45-56; 막 15:33-41; 눅 23:44-49)

28 그 뒤에 예수께서는 모든 일이 이루어졌음을 아시고, 성경 말씀을 이루시려고 "목마르다" 하고 말씀하셨다.

29 거기에 신 포도주가 가득 담긴 그릇이 있었는데, 사람들이 해면을 그 신 포도주에 듬뿍 적셔서, 우슬초 대에다가 꿰어 예수의 입에 갖다 대었다.

30 예수께서 신 포도주를 받으시고

서, "다 이루었다" 하고 말씀하신 뒤에, 머리를 떨어뜨리시고 숨을 거두셨다.

창으로 옆구리를 찌르다

31 유대 사람들은 그 날이 유월절 준비일이므로, 안식일에 시체들을 십자가에 그냥 두지 않으려고, 그 시체의 다리를 꺾어서 치워달라고 빌라도에게 요청하였다. 그 안식일은 큰 날이었기 때문이다.

32 그래서 병사들이 가서, 먼저 예수와 함께 십자가에 달린 한 사람의 다리와 또 다른 한 사람의 다리를 꺾고 나서,

33 예수께 와서는, 그가 이미 죽으신 것을 보고서, 다리를 꺾지 않았다.

34 그러나 병사들 가운데 하나가 창으로 그 옆구리를 찌르니, 곧 피와 물이 흘러나왔다.

35 (이것은 목격자가 증언한 것이다. 그래서 그의 증언은 참되다. 그는 자기의 말이 진실하다는 것을 알고 있다. 그는 여러분들도 믿게 하려고 증언한 것이다.)

36 일이 이렇게 된 것은 '그의 뼈

가 하나도 부러지지 않을 것이다' 한 성경 말씀이 이루어지게 하려는 것이었다.

37 또 성경에 '그들은 자기들이 찌른 사람을 쳐다볼 것이다' 한 말씀도 있다.

무덤에 묻다

(마 27:57-61; 막 15:42-47; 눅 23:50-56)

38 그 뒤에 아리마대 사람 요셉이 예수의 시신을 거두게 하여 달라고 빌라도에게 청하였다. 그는 예수의 제자인데, 유대 사람이 무서워서, 그것을 숨기고 있었다. 빌라도가 허락하니, 그는 가서 예수의 시신을 내렸다.

39 또 전에 예수를 밤중에 찾아갔던 니고데모도 몰약에 침향을 섞은 것을 백 근쯤 가지고 왔다.

40 그들은 예수의 시신을 모셔다가, 유대 사람의 장례 풍속대로 향료와 함께 삼베로 감쌌다.

41 예수가 십자가에 달리신 곳에, 동산이 있었는데, 그 동산에는 아직 사람을 장사한 일이 없는 새 무덤이 하나 있었다.

42 그 날은 유대 사람이 안식일을 준비하는 날이고, 또 무덤이 가

까이 있었기 때문에, 그들은 예수를 거기에 모셨다.

부활하시다

(마 28:1-10; 막 16:1-8; 눅 24:1-12)

20 주간의 첫 날 이른 새벽에 막달라 사람 마리아가 무덤에 가서 보니, 무덤 어귀를 막은 돌이 이미 옮겨져 있었다.

2 그래서 그 여자는 시몬 베드로와 예수께서 사랑하시던 그 다른 제자에게 달려가서 말하였다. "누가 주님을 무덤에서 가져갔습니다. 어디에 두었는지 모르겠습니다."

3 베드로와 그 다른 제자가 나와서, 무덤으로 갔다.

4 둘이 함께 뛰었는데, 그 다른 제자가 베드로보다 빨리 달려서, 먼저 무덤에 이르렀다.

5 그런데 그는 몸을 굽혀서 삼베가 놓여 있는 것을 보았으나, 안으로 들어가지는 않았다.

6 시몬 베드로도 그를 뒤따라 왔다. 그가 무덤 안으로 들어가 보니, 삼베가 놓여 있었고,

7 예수의 머리를 싸맸던 수건은, 그 삼베와 함께 놓여 있지 않고, 한 곳에 따로 개켜 있었다.

8 그제서야 먼저 무덤에 다다른 그 다른 제자도 들어가서, 보고 믿었다.

9 아직도 그들은 예수께서 죽은 사람들 가운데서 반드시 살아나야 한다는 성경 말씀을 깨닫지 못하였다.

10 그래서 제자들은 자기들이 있던 곳으로 다시 돌아갔다.

막달라 마리아에게 나타나시다 (막 16:9-11)

11 그런데 마리아는 무덤 밖에 서서 울고 있었다. 울다가 몸을 굽혀서 무덤 속을 들여다보니,

12 흰 옷을 입은 천사 둘이 앉아 있었다. 한 천사는 예수의 시신이 놓여 있던 자리 머리맡에 있었고, 다른 한 천사는 발치에 있었다.

13 천사들이 마리아에게 말하였다. "여자여, 왜 우느냐?" 마리아가 대답하였다. "누가 우리 주님을 가져갔습니다. 어디에 두었는지 모르겠습니다."

14 이렇게 말하고, 뒤로 돌아섰을 때에, 그 마리아는 예수께서 서 계신 것을 보았지만, 그가 예수이신 줄은 알지 못하였다.

15 예수께서 마리아에게 말씀하

셨다. "여자여, 왜 울고 있느냐? 누구를 찾느냐?" 마리아는 그가 동산지기인 줄 알고 "여보세요, 당신이 그를 옮겨 놓았거든, 어디에다 두었는지를 내게 말해 주세요. 내가 그를 모셔 가겠습니다" 하고 말하였다.

16 예수께서 "마리아야!" 하고 부르셨다. 마리아가 돌아서서 히브리 말로 "라부니!" 하고 불렀다. (그것은 '선생님!'이라는 뜻이다.)

17 예수께서 마리아에게 말씀하셨다. "내게 손을 대지 말아라. 내가 아직 아버지께로 올라가지 않았다. 이제 내 형제들에게로 가서 이르기를, 내가 나의 아버지 곧 너희의 아버지, 나의 하나님 곧 너희의 하나님께로 올라간다고 말하여라."

18 막달라 사람 마리아는 제자들에게 가서, 자기가 주님을 보았다는 것과 주님께서 자기에게 이런 말씀을 하셨다는 것을 전하였다.

제자들에게 나타나시다

(마 28:16-20; 막 16:14-18; 눅 24:36-49)

19 그 날, 곧 주간의 첫 날 저녁에, 제자들은 유대 사람들이 무서워서, 문을 모두 닫아걸고 있었다. 그 때에 예수께서 와서, 그들 가운데로 들어서셔서, "너희에게 평화가 있기를!" 하고 인사말을 하셨다.

20 이 말씀을 하시고 나서, 두 손과 옆구리를 그들에게 보여 주셨다. 제자들은 주님을 보고 기뻐하였다.

21 [예수께서] 다시 그들에게 말씀하셨다. "너희에게 평화가 있기를 빈다. 아버지께서 나를 보내신 것 같이, 나도 너희를 보낸다."

22 이렇게 말씀하신 다음에, 그들에게 숨을 불어넣으시고 말씀하셨다. "성령을 받아라.

23 너희가 누구의 죄든지 용서해 주면, 그 죄가 용서될 것이요. 용서해 주지 않으면, 그대로 남아 있을 것이다."

도마의 불신앙

24 열두 제자 가운데 하나로서 쌍둥이라고 불리는 도마는, 예수께서 오셨을 때에 그들과 함께 있지 않았다.

25 다른 제자들이 그에게 "우리는 주님을 보았소" 하고 말하였으

나, 도마는 그들에게 "나는 내 눈으로 그의 손에 있는 못자국을 보고, 내 손가락을 그 못자국에 넣어 보고, 또 내 손을 그의 옆구리에 넣어 보지 않고서는 믿지 못하겠소!" 하고 말하였다.

26 여드레 뒤에 제자들이 다시 집 안에 모여 있었는데 도마도 함께 있었다. 문이 잠겨 있었으나, 예수께서 와서 그들 가운데로 들어서셔서 "너희에게 평화가 있기를!" 하고 인사말을 하셨다.

27 그리고 나서 도마에게 말씀하셨다. "네 손가락을 이리 내밀어서 내 손을 만져 보고, 네 손을 내 옆구리에 넣어 보아라. 그래서 의심을 떨쳐버리고 믿음을 가져라."

28 도마가 예수께 대답하기를 "나의 주님, 나의 하나님!" 하니,

29 예수께서 도마에게 말씀하셨다. "너는 나를 보았기 때문에 믿느냐? 나를 보지 않고도 믿는 사람은 복이 있다."

이 책을 쓴 목적

30 예수께서는 제자들 앞에서 이 책에 기록하지 않은 다른 표징도 많이 행하셨다.

31 그런데 여기에 이것이나마 기록한 목적은, 여러분으로 하여금 예수가 그리스도요 하나님의 아들이심을 믿게 하고, 또 그렇게 믿어서 그의 이름으로 생명을 얻게 하려는 것이다.

일곱 제자에게 나타나시다

21 그 뒤에 예수께서 디베랴 바다에서 다시 제자들에게 자기를 나타내셨는데, 그가 나타나신 경위는 이러하다.

2 시몬 베드로와 쌍둥이라고 불리는 도마와 갈릴리 가나 사람 나다나엘과 세베대의 아들들과 제자들 가운데서 다른 두 사람이 한 자리에 있었다.

3 시몬 베드로가 그들에게 말하기를 "나는 고기를 잡으러 가겠소" 하니, 그들이 "우리도 함께 가겠소" 하고 말하였다. 그들은 나가서 배를 탔다. 그러나 그 날 밤에는 고기를 한 마리도 잡지 못하였다.

4 이미 동틀 무렵이 되었다. 그때에 예수께서 바닷가에 들어서셨으나, 제자들은 그가 예수

이신 줄을 알지 못하였다.

5 그 때에 예수께서 제자들에게 물으셨다. "얘들아, 무엇 좀 잡았느냐?" 그들이 대답하였다. "못 잡았습니다."

6 예수께서 그들에게 말씀하셨다. "그물을 배 오른쪽에 던져라. 그러하면 잡을 것이다." 제자들이 그물을 던지니, 고기가 너무 많이 걸려서, 그물을 끌어올릴 수가 없었다.

7 예수가 사랑하시는 제자가 베드로에게 "저분은 주님이시다" 하고 말하였다. 시몬 베드로는 주님이시라는 말을 듣고서, 벗었던 몸에다가 겉옷을 두르고, 바다로 뛰어내렸다.

8 그러나 나머지 제자들은 작은 배를 탄 채로, 고기가 든 그물을 끌면서, 해안으로 나왔다. 그들은 육지에서 백 자 남짓밖에 떨어지지 않은 곳에 들어가서 고기를 잡고 있었던 것이다.

9 그들이 땅에 올라와서 보니, 숯불을 피워 놓았는데, 그 위에 생선이 놓여 있고, 빵도 있었다.

10 예수께서 제자들에게 말씀하셨다. "너희가 지금 잡은 생선을

조금 가져오너라."

11 시몬 베드로가 배에 올라가서, 그물을 땅으로 끌어내렸다. 그물 안에는, 큰 고기가 백쉰세 마리나 들어 있었다. 고기가 그렇게 많았으나, 그물이 찢어지지 않았다.

12 예수께서 그들에게 말씀하셨다. "와서 아침을 먹어라." 제자들 가운데서 아무도 감히 "선생님은 누구십니까?" 하고 묻는 사람이 없었다. 그가 주님이신 것을 알았기 때문이다.

13 예수께서 가까이 오셔서, 빵을 집어서 그들에게 주시고, 이와 같이 생선도 주셨다.

14 예수께서 죽은 사람들 가운데서 살아나신 뒤에 제자들에게 자기를 나타내신 것은, 이번이 세 번째였다.

내 양 떼를 먹이라

15 그들이 아침을 먹은 뒤에, 예수께서 시몬 베드로에게 물으셨다. "요한의 아들 시몬아, 네가 이 사람들보다 나를 더 사랑하느냐?" 베드로가 대답하였다. "주님, 그렇습니다. 내가 주님을 사랑하는 줄을 주님께서

아십니다." 예수께서 그에게 말
씀하셨다. "내 어린 양 떼를 먹
여라."

16 예수께서 두 번째로 그에게 물
으셨다. "요한의 아들 시몬아, 네
가 나를 사랑하느냐?" 베드로가
대답하였다. "주님, 그렇습니다.
내가 주님을 사랑하는 줄을 주
님께서 아십니다." 예수께서 그
에게 말씀하셨다. "내 양 떼를
쳐라."

17 예수께서 세 번째로 물으셨다.
"요한의 아들 시몬아, 네가 나를
사랑하느냐?" 그 때에 베드로
는, [예수께서] "네가 나를 사랑
하느냐?" 하고 세 번이나 물으
시므로, 불안해서 "주님, 주님께
서는 모든 것을 아십니다. 그러
므로 내가 주님을 사랑하는 줄
을 주님께서 아십니다" 하고 대
답하였다. 예수께서 그에게 말
씀하셨다. "내 양 떼를 먹여라.

18 내가 진정으로 진정으로 네게
말한다. 네가 젊어서는 스스로
띠를 띠고 네가 가고 싶은 곳
을 다녔으나, 네가 늙어서는 남
들이 네 팔을 벌릴 것이고, 너
를 묶어서 네가 바라지 않는

곳으로 너를 끌고 갈 것이다."

19 예수께서 이렇게 말씀하신 것
은, 베드로가 어떤 죽음으로 하
나님께 영광을 돌릴 것인가를
암시하신 것이다. 예수께서 이
말씀을 하시고 나서, 베드로에
게 "나를 따라라!" 하고 말씀하
셨다.

예수께서 사랑하시는 제자

20 베드로가 돌아다보니, 예수께서
사랑하시던 제자가 따라오고
있었다. 이 제자는 마지막 만
찬 때에 예수의 가슴에 기대어
서, "주님, 주님을 넘겨줄 자가
누구입니까?" 하고 물었던 사람
이다.

21 베드로가 이 제자를 보고서, 예
수께 물었다. "주님, 이 사람은
어떻게 되겠습니까?"

22 예수께서 말씀하셨다. "내가 올
때까지 그가 살아 있기를 내가
바란다고 한들, 그것이 너와 무
슨 상관이 있느냐? 너는 나를
따라라!"

23 이 말씀이 믿는 사람들 사이
에 퍼져 나가서, 그 제자는 죽
지 않을 것이라고들 하였지만,
예수께서는 그가 죽지 않을 것

이라고 말씀하신 것이 아니라, "내가 올 때까지 그가 살아 있기를 내가 바란다고 한들, [그것이 너와 무슨 상관이 있느냐?]" 하고 말씀하신 것뿐이다.

24 이 모든 일을 증언하고 또 이 사실을 기록한 사람이 바로 이 제자이다. 우리는 그의 증언이 참되다는 것을 알고 있다.

25 예수께서 하신 일은 이 밖에도 많이 있어서, 그것을 낱낱이 기록한다면, 이 세상이라도 그 기록한 책들을 다 담아 두기에 부족한 것이라고 생각한다.

쓰기성경®

요한복음서

2020년 12월 31일 1판 1쇄 발행

발 행 인 곽   성   종
발 행 처 (주)아 가 페 출 판 사
등록번호 제21-754호(1995. 4. 12)
주   소 서울시 서초구 효령로8길 5 (방배동)
전   화 (02)584-4669   아가페 출판사

THE HOLY BIBLE
Old and New Testaments
Revised New Korean Standard Version
ⓒ Korean Bible Society 2001

필사&쓰기성경® 전용펜 장점

1. 잉크의 뭉침(볼펜 똥)이나 이물질이 없어 깨끗하게 쓸 수 있습니다.
2. 쓸수록 종이가 부풀어 오르는 것을 방지합니다.
3. 오랫동안 보관 시에도 종이가 서로 붙지 않습니다.
4. 물기로부터 글자가 훼손되는 것을 막아줍니다.

* 예수님 말씀은 빨간색 펜을 사용하세요.

일반용

중용량

중용량

일반 필사&쓰기성경 전용펜 A5(검정/빨강) **800원**
일반 필사&쓰기성경 전용펜 A5(검정/빨강)
(1박스/12개) **9,600원**

오피스펜 200 PLUS (검정)
(그레이/골드) **1,500원**
오피스펜 200 PLUS (검정)
(그레이/골드)(1박스/10개) **15,000원**

필사&쓰기 전용펜 (고급)
(블랙/투명) **1,600원**
필사&쓰기 전용펜 (고급)
(블랙/투명)(1박스/12개) **19,200원**

대용량

대용량 필사&쓰기성경전용 오피스펜 300
(그레이/골드) **1,800원**
대용량 필사&쓰기성경전용 오피스펜 300
(그레이/골드)(1박스/10개) **18,000원**

아가페 수정 테이프 (본품+리필)
(블루) **3,000원**

아가페 수정 테이프 (본품+리필)
(핑크) **3,000원**

> * 쓰기성경 전용펜과 수정 테이프를 같이 사용하시면 좋습니다.

* 가격은 변동될 수 있습니다.

[주]아가페출판사

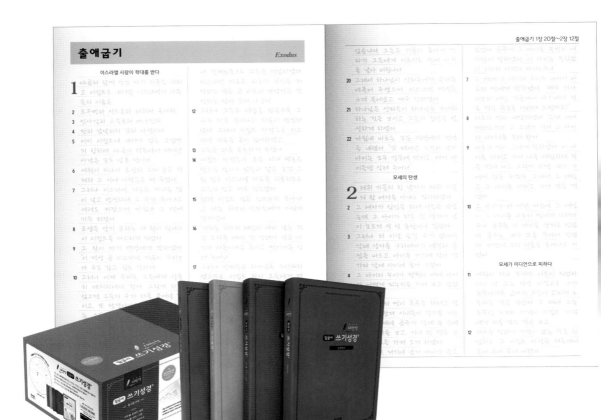

세트 정가 (구약+신약) : ~~100,000원~~ ➤ 95,000원

낱권 정가	구약 ❶, ❷, ❸권	각 권 25,000원
	신약	

※교회 단체 구매도 가능합니다.

※ 인터넷 서점 및 전국 기독교 서점에서 구매하실 수 있습니다.

[주]아가페출판사 www.iagape.co.kr

편집 저작물 등록
★★★
저작권 등록이 되어 있는
편집저작물입니다.

매일 성경을 따라 쓰며 말씀을 마음에 새기세요!

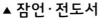

낱권

▲ 잠언·전도서   ▲ 요한복음서

잠언·전도서	6,000원
요한복음서	6,000원

＊ 권별로 계속 출간 예정입니다

·성경 필사에 도전하는 성도들이 가져야 할 마음가짐·

1. 성령을 의지하는 겸손한 마음으로 시작하세요.
2. 삶이 변화되기를 바라는 간절한 마음을 가지세요.
3. 하루 24시간의 십일조를 성경 쓰기에 드리세요.
4. 필사 습관을 통해 하나님의 은혜를 회복할 수 있습니다.

새롭게 마음에 새기는 하나님 말씀
아가페 새번역 따라쓰기 시리즈

새번역 잠언 4장 1절 ~ 4장 7절

4장 아버지가 자신의 아버지에게 받았던 가르침을 다시 사랑하는 아들에게 전하고 있습니다. 지혜가 얼마나 소중하고 귀한지를 말하며, 바른길을 따르고 악인의 길을 피하라고 가르칩니다. 생명의 근원인 마음을 지키고, 입과 눈과 발을 지혜롭게 다스리라고 권면합니다.

지혜가 주는 유익

1 아이들아, 너희는 아버지의 훈계를 잘 듣고, 명철을 얻도록 귀를 기울여라.

2 내가 선한 도리를 너희에게 전하니, 너희는 내 교훈을 저버리지 말

4 아버지는 내게 이□□ 가르치셨다. "내 말□ 네 마음에 간직하고□ 내 명령을 지켜라. 내가□ 잘 살 것이다.

5 지혜를 얻고, 명철을 □□ 어라. 내가 친히 하□□ 말을 잊지 말고, 어기□ 받아라.

6 지혜를 버리지 □ 그것이 너를□ □이다.

〈실제 본문 사진〉

▲ 요한복음서 따라쓰기 | 148면   ▲ 잠언 따라쓰기 | 120면

장별 해설, 단어 설명이 있어 이해가 쉽고,
정자체 밑글씨 위에 또박또박 따라 쓸 수 있습니다.

잠언	7,000원
요한복음서	7,500원

* 시편 따라쓰기 2021년 출간 예정

※ 인터넷 서점 및 전국 기독교 서점에서 구매하실 수 있습니다.

[주]아가페출판사 www.iagape.co.kr   * 자세한 내용은 아가페 홈페이지를 참고하세요.